UN MOT

SUR LE PROCÈS DE Mme LA PRINCESSE DE BAUFFREMONT

AUJOURD'HUI PRINCESSE BIBESCO

DE LA NATURALISATION

EN PAYS ÉTRANGER

DES FEMMES SÉPARÉES DE CORPS EN FRANCE

ET DE L'INCOMPÉTENCE DES TRIBUNAUX EN CETTE MATIÈRE.

PAR

Daniel de FOLLEVILLE

AVOCAT A LA COUR D'APPEL,
PROFESSEUR DE CODE CIVIL A LA FACULTÉ DE DROIT,
VICE-PRÉSIDENT DE L'ASSOCIATION INTERNATIONALE
POUR LA RÉFORME ET LA CODIFICATION DU DROIT DES GENS.

Seconde édition revue et augmentée.

Prix : 2 fr.

PARIS
A. MARESCQ aîné, Libraire-Éditeur.
17, rue Soufflot, 17.
1876

DE LA NATURALISATION

EN PAYS ÉTRANGER

DES FEMMES SÉPARÉES DE CORPS

EN FRANCE

ET DE L'INCOMPÉTENCE DES TRIBUNAUX EN CETTE MATIÈRE.

AUTRES OUVRAGES DU MÊME AUTEUR.

Des caractères distinctifs des associations commerciales en participation (1863). DURAND. Une brochure in-8°. — *Épuisée.*

Considérations générales sur l'acquisition ou la libération par l'effet du temps (1869). THORIN. 1 vol. gr. in-8°. . . . . . 3 »

De l'interdiction considérée comme cause de séparation de biens judiciaire (1870). COTILLON. Une brochure in-8°. . . 1 50

Étude sur le paiement avec subrogation : ses caractères distinctifs (1871). THORIN. Une brochure in-8°. . . . . 1 »

Programme sommaire du cours de Code civil (*Deuxième examen*), *avec une Étude sur le partage d'ascendants* (1871). THORIN. 1 vol. in-8°. 6 »

Étude sur la jonction des possessions, (*art.* 2235 *du Code civil*) (1871). MARESCQ aîné. Une brochure in-8°. 2 50

De la revendication des titres au porteur en matière de faillite (1871). MARESCQ aîné. Une brochure in-8°. . . . . 1 »

De la publicité des contrats pécuniaires de mariage, d'après la loi du 10 juillet 1850. MARESCQ aîné (1872). Une brochure in-8°. . 2 »

La loi du 12 août 1870 et le cours forcé des billets de la Banque de France (1872). MARESCQ aîné. Une brochure in-8°. . . . » 50

Sommaire du cours de Code civil (*Premier examen*). MARESCQ aîné. Une brochure in-8°. — Seconde édition (1876). 2 50

Notion du droit et de l'obligation (quatre premières leçons d'un cours triennal de Code civil) (1873). THORIN. Une brochure in-8°. . . 2 50

De la légitimation des enfants incestueux (simple note extraite du *Recueil spécial de Jurisprudence de la Cour de Douai*, t. XXXI, p. 109 (1873). THORIN. Une brochure in-8°. . . . . » 50

De la délégation des fonctions de l'instruction aux juges suppléants (1873). THORIN. Une brochure in-8°. . . . . » 50

Comparaison des articles 434, 443 et 419 § 1er du Code pénal (Compte rendu d'une réforme proposée par M. DE CAUDAVEINE, président de chambre à la Cour d'appel de Douai (1874). MARESCQ aîné. Une brochure in-8°. . . . . » 50

Essai sur la vente de la chose d'autrui (1874). MARESCQ aîné. 1 vol. in-8°. 3 50

De la possession précaire (1874). MARESCQ aîné. Une br. in-8°. 1 50

Traité de la possession des meubles et des titres au porteur. MARESCQ aîné. 1 fort vol. in-8°. — Seconde édition (1875). . . 12 »

Des clauses de remploi et de la société d'acquêts sous le régime dotal (Étude suivie du programme de six cours sur la communauté réduite aux acquêts (1875). MARESCQ aîné. Une brochure in-8°. . . . 2 50

Du paiement du prix par l'acheteur en matière de vente (1875). MARESCQ aîné. Une brochure in-8°. 1 50

Introduction historique à l'étude du Code civil (1876). MARESCQ aîné. Une brochure in-8°. 1 50

De la promulgation et de l'application des lois et des décrets (art. 1 du Code civil combiné avec les récentes lois constitutionnelles) (1876). MARESCQ aîné. Une brochure in-8°. . . . . 1 »

UN MOT

SUR LE PROCÈS DE Mme LA PRINCESSE DE BAUFFREMONT

AUJOURD'HUI PRINCESSE BIBESCO

DE LA NATURALISATION

EN PAYS ÉTRANGER

DES FEMMES SÉPARÉES DE CORPS EN FRANCE

ET DE L'INCOMPÉTENCE DES TRIBUNAUX EN CETTE MATIÈRE.

PAR

Daniel de FOLLEVILLE

AVOCAT A LA COUR D'APPEL,
PROFESSEUR DE CODE CIVIL A LA FACULTÉ DE DROIT,
VICE-PRÉSIDENT DE L'ASSOCIATION INTERNATIONALE
POUR LA RÉFORME ET LA CODIFICATION DU DROIT DES GENS.

Seconde édition revue et augmentée.

Prix : 2 fr.

PARIS
A. MARESCQ aîné, Libraire-Éditeur,
17, rue Soufflot, 17.
1876

AVANT-PROPOS

DE

LA PREMIÈRE ÉDITION

Le cas de Mme la princesse de Bauffremont, aujourd'hui naturalisée en Allemagne, sans aucune autorisation soit de son mari, soit de la justice, et remariée, par application du statut national allemand, avec M. le prince Georges Bibesco, donne lieu en ce moment même à d'importants débats judiciaires dont le retentissement s'étend jusque dans la presse.

Cette situation soulève une question de droit international privé, à la fois neuve et de la plus haute gravité.

Notre éminent collègue de la Faculté de droit de Paris, M. J.-E. Labbé a consacré à cette difficulté une remarquable étude, publiée dans le *Journal du droit international privé et de la jurisprudence comparée*, livraison de novembre-décembre 1875, p. 409 à 421. — M. Labbé se prononce pour la nullité de la naturalisation obtenue par Mme la princesse de Bauffremont, parce que cette naturalisation n'a point été précédée d'une autorisation émanant, soit de M. le prince de Bauffremont, soit de la justice. Si cette conclusion est juridiquement exacte, Mme la princesse de Bauffremont n'aurait point pu contracter, comme Allemande, un second mariage valable avec M. le prince Georges Bibesco : elle serait tout simplement adultère et bigame devant la loi.

Nous croyons, au contraire, très-fermement qu'une femme mariée, après avoir obtenu sa séparation de corps, a désormais recouvré une indépendance personnelle suffisante pour lui permettre de se faire naturaliser en pays étranger, sans avoir besoin d'aucune autorisation *préalable*, soit de son mari, soit de la justice. Si ce principe est vrai, la naturalisation de Mme la princesse de Bauffremont est parfaitement valable, et par suite, son nouveau mariage avec M. le prince Georges Bibesco est inattaquable au point de vue à la fois de la loi allemande et de la loi française, à cause des règles du statut personnel (Art. 3 du Code civil) : car l'individu naturalisé a tous les droits d'un sujet naturel et indigène.

La présente brochure est consacrée au développement de cette thèse et à l'examen des objections soulevées par M. J.-E. Labbé. C'est même la publication immédiate du travail de notre savant collègue, qui nous a décidé à faire paraître sans retard une étude que nous nous proposions d'ajourner jusqu'après la solution définitive de la question par la Cour d'appel de Paris et par la Cour de cassation.

En résumé, nous appuyons notre doctrine (déjà soutenue, en 1815, par le savant doyen de la Faculté de droit de Paris, M. Blondeau), sur les six motifs principaux qui suivent :

1° La tradition historique, laquelle paraît bien avoir reconnu à l'époux *innocent*, bénéficiaire d'une séparation de corps, la faculté d'*aliéner* librement et définitivement son état civil, en encourant la mort civile, attachée, sous l'empire de l'ancienne jurisprudence française, à la profession religieuse : or, qui peut le plus, peut le moins : la naturalisation est une simple *transformation* de l'état civil des personnes : donc, une femme séparée de corps qui aurait pu, dans l'ancien droit, *aliéner* son état civil, recouvre, aujourd'hui au moins, la plénitude de son indépendance, quant à sa nationalité ;

2° L'unité de nationalité et l'unité de foyer domestique sont deux idées essentiellement corrélatives : or, précisément, la séparation de corps fait cesser l'unité de domicile ;

3° La femme séparée de corps peut s'*expatrier* sans le consentement de son mari, et même aller dans un pays où la naturalisation résulterait, de plein droit, de l'installation définitive avec domicile fixe ou d'une annexion fruit de la conquête. Pourquoi Mme la princesse de Bauffremont n'aurait-elle pas pu faire directement, ce que la loi lui reconnaissait le pouvoir de faire indirectement et par les voies détournées ? Dès que l'on admet que la femme peut changer de nationalité, dit M. Demolombe, « il ne semble pas juste de soumettre nécessairement l'exercice de ce droit au consentement personnel du mari, *surtout après la séparation de corps*. On conçoit telles circonstances dans lesquelles il serait important, pour la femme et pour ses enfants, qu'elle pût se faire naturaliser en pays étranger; supposez, par exemple, qu'*étrangère d'abord elle-même avant son mariage*, elle ne pût pas recueillir autrement les successions qui s'ouvriraient dans sa famille. » (*Cours de Code civil*, t. IV, n° cent onze, *in fine*);

4° L'inviolabilité de la personne humaine et la liberté absolue de l'état civil constituent le droit constitutionnel de tout Français, homme ou femme. Il faudrait donc un texte explicitement ou implicitement prohibitif, pour retirer à une femme séparée de corps la faculté de changer sa nationalité : or, ce texte n'existe pas. D'une part, les art. 108, 212, 213 et 214, qui concernent les rapports *personnels* des époux *pendant le mariage*, et d'où M. Demolombe (t. IV, n° cent onze, *in fine*) induit l'impossibilité pour la femme mariée *integri statûs*, « de se dénationaliser par sa seule volonté, » sont précisément atténués et relâchés par l'effet du jugement de séparation de corps. Avant donc de les invoquer à ce moment, il faudrait commencer par prouver qu'ils sont encore applicables au point de vue spécial de la naturalisation. D'autre part, les art. 1449, 215, 217 et suivants, invoqués par M. Labbé, sont exclusivement relatifs à la *gestion des biens* de la femme séparée. Ils sont complétement étrangers à la question de naturalisation et à la règlementation, entre époux, des rapports de personne à personne. N'y aurait-il pas d'ailleurs une singulière inconséquence légale, en présence de l'état particulier d'affranchissement personnel, que crée, dans une certaine mesure, la séparation de corps, à admettre que le mari pourrait *seul* changer librement de nationalité, en conservant le pouvoir d'arrêter par son *veto* la réalisation d'un projet semblable, formé par la femme qui n'habite plus avec lui?

5° Il ne faut pas, d'ailleurs, oublier que l'incapacité de la femme mariée n'est pas générale : l'article 1124 déclare *entièrement* incapables de contracter les mineurs et les interdits. Mais il formule l'incapacité des femmes mariées de la manière la plus restrictive en la limitant « *aux cas exprimés par la loi.* » Or cette restriction doit être surtout appliquée à l'égard de la femme séparée. D'autre part, il est certain que cette incapacité ne se rattache, à aucun point de vue, au droit des gens : car beaucoup de peuples ne l'admettent pas.

Voilà pour la loi française.

6° Enfin, au point de vue de la loi allemande, l'art. 734 du Code général prussien déclare formellement que la séparation de corps et de biens, intervenue entre catholiques, a tous les effets civils du divorce, et produit toutes les conséquences qui s'y rattachent. Ce texte ne distingue pas entre les personnes de nationalité allemande et les personnes d'une autre nationalité. L'officier de l'état civil de Berlin a donc agi correctement, *au point de vue légal*, en procédant, sur la réquisition de Mme la princesse de Bauffremont et de M. le prince Georges Bibesco, à la célébration de leur mariage. Il en devait être ainsi, soit parce que Mme la princesse de Bauffremont, étant régulièrement naturalisée

Allemande, se trouvait désormais régie par le statut personnel de Prusse, soit parce que la princesse, en admettant même qu'elle fût restée Française, avait le droit d'invoquer la généralité des termes de l'art. 734 du Code civil allemand.

Tels sont les principaux motifs qui nous ont amené à conclure avec M. Blondeau, contrairement à l'opinion de notre savant collègue de la Faculté de droit de Paris, M. J.-E. Labbé, en faveur de la validité de la naturalisation obtenue par Mme la princesse de Bauffremont, comme de l'union civile qui s'en est suivie avec M. le prince Georges Bibesco.

La question est du reste controversée et controversable entre toutes, et elle appelle l'examen des publicistes et des jurisconsultes. La difficulté est actuellement pendante devant le tribunal civil de la Seine : il est probable que la Cour d'appel de Paris et la Cour suprême seront ensuite appelées à se prononcer. Une semblable controverse aurait certainement mérité de fixer l'attention du législateur. Un texte précis et formel aurait évité bien des embarras pratiques, et fermé la porte à des procès regrettables à la fois au point de vue de l'intérêt privé des familles et au point de vue de l'intérêt supérieur de la société.

Ce 15 février 1876

AVANT-PROPOS

DE

LA SECONDE ÉDITION

Le succès rapide d'une première édition tirée à deux mille exemplaires et épuisée en quelques mois, a été pour nous un puissant encouragement.

Ce résultat, dû tout entier à l'indulgence du public, nous imposait le devoir d'apporter à la seconde édition tous les soins que méritent à la fois la nature du sujet et la haute qualité des personnes en cause.

Nous abordons en conséquence, aujourd'hui, à côté de la question du fond, seule traitée dans la brochure du *quinze février* dernier, les difficultés non moins importantes que soulève la compétence des tribunaux en cette matière.

Notre tâche est du reste singulièrement facilitée par le revirement manifeste qui s'est opéré depuis trois mois dans l'opinion publique.

Nous ne sommes plus seul à soutenir, en face de l'autorité considérable de M. Labbé, la validité intrinsèque, devant la loi française et la loi allemande, de la naturalisation réalisée par Mme la comtesse de Caraman-Chimay.

Cette théorie, si exacte et si conforme aux principes du droit international comme aux règles fondamentales du droit civil français, a obtenu de puissantes adhésions dans toutes les parties du monde. Les jurisconsultes les plus éminents, les écrivains les plus autorisés de la France et de l'étranger s'y sont ralliés à l'envi (1).

Quant à nous, humble interprète des lois promulguées, nous avons rempli modestement ce que nous considérions comme un devoir, en exprimant sans défaillance notre opinion sur la grande question juridique du jour.

Douai, le 5 juillet 1876.

DANIEL DE FOLLEVILLE.

(1) Voyez notamment, dans notre sens, M. F. de Holtzendorff, professeur de droit à Munich, et correspondant de l'Institut de France (*Journal de droit international privé*, 3e année, 1876, nos 1 et 2); — La *Revue du notariat et de l'enregistrement*, livraison d'avril 1876 (16e année), p 241 et suivantes; — M. le docteur Bluntschli, professeur de droit à l'université de Heidelberg, *De la naturalisation en Allemagne d'une femme séparée de corps en France, et des effets de cette naturalisation*; — la *Revue pratique de droit français*, t. 41 (1876), p. 305 et suivantes. — Nous sommes informé qu'il y a, en outre, dans le même sens, en préparation, des travaux considérables émanant de jurisconsultes belges, anglais, italiens, américains, etc. — Nous ne pouvons pas rappeler ici les nombreux articles favorables publiés dans la presse périodique de la France et de l'étranger. Nous offrons seulement aux auteurs de ces articles, l'expression de notre respectueuse reconnaissance pour l'accueil bienveillant fait à notre travail.

LE PROCÈS

DE Mme LA PRINCESSE DE BAUFFREMONT

AUJOURD'HUI PRINCESSE BIBESCO.

Naturalisation, en pays étranger, d'une femme séparée de corps et de biens en France : — mari Français : — Défaut d'autorisation maritale ou de justice : — Séparation de corps assimilée, en Allemagne, au divorce : — Second mariage contracté, après naturalisation, du vivant du premier mari, avec un étranger : — Situation légale en France. — Incompétence des tribunaux français et étrangers.

1. Cette étude sera divisée en deux parties :

La première consacrée à la question du fond;

La seconde contenant l'étude de la question d'incompétence.

Il eût, sans doute, été plus logique de traiter, en tête de ce travail, la difficulté relative à l'incompétence pour arriver ensuite seulement à la difficulté concernant le fond de l'affaire. Mais il nous a paru préférable, en présence de la nature du procès, de montrer tout d'abord combien la naturalisation de Mme la princesse Bibesco est inattaquable au point de vue du Droit, sauf ensuite à présenter les fins de non-recevoir d'ordre public qui doivent faire écarter, au point de vue de la procédure, la compétence des tribunaux français actuellement saisis. Il s'agit d'ailleurs d'une incompétence, imposée par les textes, et qu'il ne dépend ni des tribunaux ni des parties d'écarter, parce qu'elle est d'ordre public.

PREMIÈRE PARTIE.

La naturalisation de Mme la comtesse de Caraman-Chimay, princesse séparée de Bauffremont, est-elle valable devant la loi française et devant la loi allemande?

1 *bis.* Mme la princesse de Bauffremont a naguère *obtenu*, à la date du 1er août 1874, un arrêt de la Cour d'appel de Paris, prononçant *à son profit* la séparation de corps, et lui confiant la garde de ses enfants : « Considérant, dit l'arrêt, que tous les griefs prouvés... etc..., qu'on les considère isolément, ou qu'on les envisage dans leur ensemble, dans leur répétition fréquente et habituelle, dans leur notoriété, et enfin dans leur caractère profondément offensant pour la morale et la dignité du mariage, ont créé, entre les deux époux, une infranchissable barrière, et constitué au plus haut chef l'injure grave... prononce, etc.... »

La séparation de corps ne dissout pas, en France, le mariage : elle dégage seulement les époux de l'obligation de vivre l'un avec l'autre, et d'avoir un domicile commun (1). Chacun sait, du reste, quelles ont été, en cette matière, les vicissitudes de notre législation : le droit antérieur à 1789 admettait uniquement la séparation de corps : la loi du 20 septembre 1792, tit. 4, sect. 5, prohiba la séparation de corps et établit le divorce, même par consentement mutuel. Les plaintes les plus vives se firent jour : les catholiques firent observer que la nouvelle loi portait atteinte à la liberté

(1) Voyez MM. Aubry et Rau, *Cours de droit civil français*, t. 5, p. 198, § 491, texte n° 1, notes 1 et suivantes.

de leur conscience, en n'admettant pas la séparation de corps, le seul palliatif dont ils puissent user sans trahir leur foi religieuse. Le Code civil de 1804, dans les art. 229 à 311, a voulu faire de l'éclectisme, et établir une sorte de transaction entre les principes opposés. A cet effet, il a reconnu *cumulativement* le divorce et la séparation de corps, permettant ainsi aux adeptes des différents cultes de choisir librement celui des procédés qui se trouverait le mieux en harmonie avec leurs convictions religieuses. Les travaux préparatoires de cette partie du Code trahissent à chaque instant la pensée du législateur, de faire de la séparation de corps le divorce des époux catholiques.

La loi du 8 mai 1816, art. 1, a complétement aboli le divorce ; et le seul remède qui existe aujourd'hui aux infortunes conjugales est la séparation de corps. Nous sommes, sur ce point, ramenés aux règles de l'ancien droit français avant 1789.

Pourtant, voilà que tout à coup les journaux français et étrangers viennent d'annoncer le second mariage de Mme la princesse de Bauffremont, mariage contracté à l'étranger avec M. le prince Georges Bibesco, nonobstant l'existence de M. le colonel de Bauffremont et malgré les dispositions formelles de la loi française.

2. Cette situation a donné lieu déjà, et donnera lieu sans doute, dans l'avenir encore, à de retentissants débats devant la justice ; mais elle a, de plus, le privilége de passionner vivement, à l'heure actuelle, l'opinion publique, à raison soit de la haute position des parties, soit de la singularité du cas. Chacun s'en préoccupe, non-seulement au Palais, mais même dans le monde : l'on semble soupçonner que peut-être le droit international privé aurait, lui aussi, ses mystères, sinon ses contradictions : « *Vérité en deçà des Pyré-*

nées (ou du Rhin), *erreur au delà !* » aurait dit Pascal.

Comment ! la même femme, légitimement mariée au point de vue des lois étrangères, et à quelques kilomètres de la frontière française, pourrait être, un peu plus loin, considérée comme coupable tout à la fois d'adultère et de bigamie ! Une princesse, réputée honorablement unie en Suisse, en Angleterre, en Allemagne, en Belgique, ou même en Alsace-Lorraine (loi allemande du 27 novembre 1873, annuaire de législation étrangère de l'année 1874), serait considérée comme justiciable de la Cour d'assises en France ! art. 147 du Code civil et 340 du Code pénal. Cette divergence dans la manière de comprendre l'ordre public légal ne serait-elle pas, entre nations civilisées, une véritable énormité ?

3. D'autres personnes se placent au point de vue religieux, et ici nous n'avons qu'à nous incliner : il est certain que l'Eglise prohibe le divorce, ne pouvant ni ne devant l'admettre, puisque le mariage est, pour elle, l'union irrévocable et indissoluble des âmes. Elle ne l'admet même pas aujourd'hui dans le cas d'adultère, prévu expressément par Jésus-Christ, chap. v, ŷ. 32, évangile de saint Matthieu. Voyez toutefois, sur les controverses auxquelles ce dernier point a donné lieu, les autorités canoniques rapportées par Pothier, *Traité du contrat de mariage*, 6e partie, chap. 2, art. 3, nos 486 à 498. Comp. M. Tissot, *le mariage, la séparation et le divorce*, p. 66, 85 et suivantes. Nous entendons, du reste, nous en tenir exclusivement, dans cette étude juridique, à l'examen du droit et de la loi (1).

4. A ce dernier point de vue, l'on s'est demandé comment Mme la princesse de Bauffremont avait pu être admise à contracter officiellement un nouveau ma-

(1) Comparez M. le docteur Arsène Drouet, *Du divorce dans le Code civil français* (Imprimerie A. Chaix et Cie, Paris, 1876).

riage à l'étranger, avant la dissolution du premier. La réponse ne s'est point fait attendre : elle a été donnée par M. l'avocat de la République Lefèbvre de Viefville, dans le réquisitoire qu'il a prononcé à l'audience du tribunal civil de la Seine le 11 décembre 1875 (voir *le Droit* du 12 décembre). Mme la princesse de Bauffremont est allée en Allemagne, dans l'Etat de Saxe-Altenbourg : là, elle a obtenu, à la date du 3 mai 1875, une naturalisation, dont voici l'acte officiel :

« Le ministre ducal, soussigné, certifie par le présent que :

» Mme Henriette-Valentine de Riquet, comtesse de Caraman-Chimay, princesse séparée de Bauffremont, de Ménars,

» Sur sa demande et pour son établissement à Altenbourg,

» A *acquis* la nationalité de l'Etat de Saxe-Altenbourg,

» Cet acte de naturalisation fonde tous les droits et devoirs d'un membre de l'Etat de Saxe-Altenbourg, à partir du moment de sa délivrance, mais seulement pour la personne qui y est expressément nommée.

» Altenbourg, le 3 mai 1875. »

« Ministère du duché de Saxe, section de l'Intérieur.

(L. S.) » Par intérim,

» Loman.

» M. R. I. J. IV. N° 106. Avril 1875.

» L'écrit ci-dessus est l'exacte copie de l'original qui m'a été représenté, ainsi que je l'atteste.

(L. S.) » Carl-Friedrich Drews,

» Conseiller de justice, notaire de la chambre de justice royale. »

5. Puis Mme la princesse de Bauffremont a fait adresser une demande de certificat à la municipalité d'Altenbourg par M. le major-général Wedell : voici le texte de cette lettre :

« Dresde, le 8 juin 1875. Rue Schiller, 18.

» Je suis chargé par Mme la comtesse Valentine de Caraman-Chimay, princesse de Bauffremont divorcée, de vous prier de vouloir bien me délivrer pour elle un certificat portant qu'on ne connaît à Altenbourg aucune raison qui puisse s'opposer au nouveau mariage que Mme la comtesse a l'intention de contracter.

» Recevez, etc.

» *Signé :* Wedell,

» Major-général en disponibilité. »

5 *bis.* En réponse à cette demande, le conseil municipal d'Altenbourg a délivré le certificat suivant :

« *Certificat.* Le conseil municipal de la ville d'Altenbourg certifie par les présentes qu'il n'a aucune connaissance d'un empêchement civil quelconque qui puisse mettre obstacle, de la part des autorités de cette ville, au nouveau mariage que Mme Marie-Henriette-Valentine de Riquet, comtesse de Caraman-Chimay, princesse de Bauffremont divorcée, se propose de contracter.

» Altenbourg, le 9 juin 1875.

» *Signé :* Le conseil municipal. »

5 *ter.* En conséquence des actes qui précèdent, un nouveau mariage a été célébré à Berlin, le 24 octobre 1875, devant un officier de l'état civil, entre

M. le prince Bibesco et Mme la princesse séparée de Bauffremont. Voici la traduction de l'acte de mariage :

« Berlin, le 24 octobre 1875, à 9 heures 1/2 du matin.

» Devant l'officier de l'état civil, soussigné, sont aujourd'hui comparus, comme futurs époux :

» Son Altesse le prince Georges Bibesco, dont l'identité est certifiée par M. Charles-Frédéric Drews, conseiller royal de justice, avocat, avoué et notaire, connu personnellement, de religion grecque catholique, âgé de 41 ans, né à Bucharest (Valachie), demeurant à Paris, boulevard de Latour-Maubourg, nº 22, fils de Son Altesse le prince Georges-Démétrius Bibesco, ancien prince régnant de Valachie, décédé à Paris, et de la princesse Zoé Brancovano, son épouse, demeurant à Bucharest;

» Et Mme Marie-Henriette-Valentine de Riquet, comtesse de Caraman-Chimay, princesse séparée de Bauffremont, dont l'identité est certifiée de la même manière que celle du futur époux, de religion catholique romaine, âgée de 36 ans, née au château de Ménars, département du Loir-et-Cher (France), *domiciliée à Altenbourg et à Berlin* (1), *Postdamer Platz nº 1*, fille de Son Altesse M. Joseph de Riquet, prince de Caraman-Chimay, précédemment envoyé et ministre plénipotentiaire du roi des Belges, au château de Chimay, province de Hainaut (Belgique), et de dame Louise-Marie-Françoise-Joséphine de Pellapra, son épouse, décédée au château de Ménars;

(1) Ces indications, mises en italiques, ne figuraient pas dans les communications officielles adressées par M. le marquis de Sayre au ministre des affaires étrangères de France, et produites en première instance devant le tribunal civil de la Seine. — Ces indications essentielles figuraient pourtant dans les documents officiels allemande. Voyez M. Bluntschli, p. 36 et 37.

» Et comme témoins : Son Altesse le prince Grégoire Brancovano, reconnu, quant à son identité, de même que les futurs époux, âgé de 47 ans, demeurant à Paris, boulevard de Latour-Maubourg, n° 22 ;

» Le général-major en disponibilité Frédéric von Wedell, l'identité de la personne duquel est reconnue de la même manière que celle du précédent témoin, âgé de 61 ans, demeurant à Dresde, *Schillerstrasse*, 18.

» Les futurs époux ont personnellement déclaré, en présence des témoins et devant l'officier de l'état civil, leur volonté de contracter mariage l'un avec l'autre. « Lu, approuvé et signé, » etc.

Marie-Henriette-Valentine de Riquet, comtesse de Caraman-Chimay.

Prince Georges Bibesco.

Prince Grégoire de Brancovano.

Frédéric-Charles de Wedell.

Charles-Frédéric Drews.

L'officier de l'état civil,

Signé : DE ERICHSEN.

L'extrait ci-dessus est certifié conforme au principal registre des mariages de l'état civil de Berlin, 3e district.

Berlin, ce 24 octobre 1875.

L'officier de l'état civil,

Signé : DE ERICHSEN.

Certifié véritable la signature de M. de Erichsen, officier de l'état civil du 3e district de cette ville.

Berlin, le 30 octobre 1875.

Le magistrat de cette ville, capitale et résidence royale.

Signé : HOBEN.

5 *quater*. Nous terminerons cette série de documents officiels par une lettre émanée de l'ambassade de France à Berlin, lue par M. l'avocat de la République Lefebvre de Viefville, devant le tribunal civil de la Seine, à l'audience du 11 décembre 1875.

« Le marquis de Sayve au Ministre des affaires étrangères :

» Berlin, le 12 novembre 1875.

» Monsieur le duc,

» .... Le divorce n'a pas été prononcé par les tribunaux allemands; pour ne pas l'exiger, les autorités qui ont procédé au mariage se sont basées sur un article du *Landrecht* allemand, déclarant que les séparations de corps et de biens, prononcées par les tribunaux étrangers, sont considérées dans l'empire comme équivalant à une dissolution complète du premier mariage. Un tribunal français avait prononcé la séparation du prince et de la princesse de Bauffremont, et ce jugement a été jugé suffisant.

» Comme cette affaire offre un grand intérêt au point de vue international, j'exposerai à Votre Excellence la marche qu'elle a suivie.

» Le 3 mai 1875, Mme de Bauffremont a obtenu du Ministre de l'intérieur de Saxe-Altenbourg une ordonnance lui conférant la nationalité saxe-altenbourgeoise; à l'appui de sa demande, la princesse avait fourni trois pièces restées au dossier, savoir : deux certificats du maire de Ménars, près Blois, en date du 4 octobre 1874, constatant, l'un que Mme la princesse de Bauffremont est séparée de corps et de biens, qu'elle jouit de tous les droits civils, et qu'elle est apte à les exercer; l'autre, que Mme de Bauffremont est de bonne vie et mœurs, et qu'elle jouit d'une haute estime et de la considération générale. Un troisième certificat, délivré par M. Roche, administrateur des biens de la princesse à Paris, atteste qu'elle dispose d'une fortune de 2,400,000 francs, et jouit d'une rente de 35 à 40,000 francs.

» Comment, sur la production de ces simples pièces, qui ne sont même pas, selon l'usage, visées à l'ambassade d'Allemagne à Paris, le gouvernement de Saxe-Altenbourg a-t-il cru pouvoir conférer la naturalisation à la princesse de Bauffremont sans le consentement de son mari? Ce fait paraît d'autant plus inexplicable que la loi, promulguée le 1er juin 1870 sur cette matière, dans les Etats de l'Allemagne du Nord, dit textuellement : « La naturalisation ne pourra être conférée aux étrangers que lorsque, d'après les lois de leur pays d'origine, ils sont aptes à la contracter. » L'administration altenbourgeoise, considérant la séparation comme l'équivalent du divorce, aura sans doute cru ou voulu croire que Mme de Bauffremont était absolument libre; mais il y a lieu de supposer que cette administration n'a pas tardé à regretter la légèreté (1) avec laquelle elle avait agi; car M. Tolhausen, lorsqu'il est allé à Altenbourg réclamer une copie de l'acte de naturalisation, a remarqué que sa demande causait un grand embarras aux employés du ministère ducal.

» La naturalisation allemande une fois acquise, la princesse avait encore besoin d'une autorisation pour pouvoir se remarier : elle y a pourvu en faisant demander au conseil municipal d'Altenbourg le certificat de domicile à Altenbourg. Mme de Bauffremont s'est présentée alors devant l'officier de l'état civil de Berlin, qui,

(1) Les documents officiels qui nous ont été communiqués, lors de la publication de notre seconde édition, donnent le démenti le plus formel à cette assertion de légèreté. Il n'y a eu dans l'affaire, ni surprise, ni légèreté, ni clandestinité d'aucune sorte. Voyez, d'ailleurs, M. Bluntschli, p. 30 et 31.

après les publications d'usage, l'a mariée le 24 octobre dernier avec le prince Bibesco. Enfin, pour clore cette série d'actes, la princesse s'est fait marier religieusement le même jour, 24 octobre, à Dresde, par le pope de l'Eglise russe; mais celui-ci s'est absolument refusé à délivrer à notre consul une copie de l'acte de mariage, en disant qu'il n'était autorisé à en donner qu'aux époux.

» Veuillez agréer, etc.

» *Signé :* Marquis de SAYVE. »

5 *quinquiès.* Il importe de mettre sous les yeux du lecteur les textes de la loi allemande, sous l'empire de laquelle Mme la princesse de Bauffremont s'est fait naturaliser et a procédé ensuite à son nouveau mariage avec M. le prince Georges Bibesco.

Au point de vue du second mariage d'abord, l'art. 734 de la loi générale de Prusse s'exprime de la manière suivante : « *Si une séparation constante de table et de lit a été judiciairement prononcée entre époux catholiques, elle a tous les effets civils d'un divorce.* » Ajoutons toutefois un ordre du cabinet prussien, en date du 17 août 1815, dont voici la décision : « Si entre époux évangéliques *à l'étranger,* » là où le divorce n'est pas admis, une séparation » constante de table et de lit a été prononcée, elle a » tous les effets civils d'un divorce, à la condition que » les époux ainsi séparés s'établissent dans les états » prussiens. »

Au point de vue de la *naturalisation*, voici les termes de la loi allemande du 1er juin 1870, sur l'acquisition et sur la perte de la nationalité fédérale et de la nationalité d'Etat : Art. 1er. — « La nationalité » fédérale est acquise par toute personne qui a la

» nationalité d'Etat dans un pays de la Confédération, » et se perd avec elle.... » Par conséquent, toute naturalisation obtenue par un étranger, dans un Etat quelconque de la Confédération allemande, emporte nécessairement la naturalisation dans tout l'empire allemand : comparez l'art. 2 de la même loi.

Voici maintenant l'art. 8, le plus important pour la solution de la difficulté qui nous occupe : « La naturalisation ne doit être accordée aux étrangers que : » 1° *lorsqu'ils sont capables de disposer de leur* » *personne d'après les lois du pays auquel ils ont* » *appartenu jusqu'alors, ou, s'ils ne jouissent pas* » *de cette capacité*, quand ils ont l'assentiment de » leur père, de leur tuteur ou curateur; 2° lorsqu'ils » ont mené une vie honorable; 3° lorsqu'ils ont un » domicile propre ou qu'ils sont reçus chez des per- » sonnes domiciliées dans le lieu où ils veulent s'établir; » 4° lorsqu'ils sont en état de pourvoir à leurs besoins » et à ceux de leur famille. Avant la naturalisation, » l'autorité administrative supérieure recevra les décla- » rations de la municipalité et celles de l'union hospita- » lière du lieu où la personne à naturaliser veut s'éta- » blir, sur les conditions déterminées dans les n°s 2, 3 » et 4. » (*Annuaire de législation étrangère*, t. I, année 1872, p. 183 à 189.)

Mme la princesse de Bauffremont a donc été considérée en Allemagne comme une femme divorcée : naturalisée dans ce pays, elle a réclamé le bénéfice des lois de sa nouvelle patrie, et, ces lois consacrant le divorce, elle a été admise à contracter à Berlin un nouveau mariage, nonobstant l'existence de son premier mari en France.

6. Cette interprétation *favorable* de la chancellerie allemande est-elle juridique? — Une femme mariée à un Français, et judiciairement séparée de corps et de biens

en France, peut-elle ensuite aller se faire naturaliser en pays étranger (dans l'espèce en Allemagne), *sans avoir préalablement obtenu l'autorisation de son mari ou de la justice?* — Le peut-elle surtout, alors que cette naturalisation tend à amener la possibilité d'un divorce ultérieur, et d'un second mariage que la loi française réprouve? (Loi du 8 mai 1816, art. 1er.) — Telle est la question à résoudre.

Si, en effet, Mme la princesse de Bauffremont a pu légitimement se faire naturaliser en Allemagne sans aucune autorisation, elle a pu, par voie de conséquence (1), procéder à un second mariage avec M. le prince Georges Bibesco, en vertu de ce principe que *l'individu naturalisé a tous les droits d'un sujet naturel et indigène* : or, il est certain qu'un Allemand peut, conformément à l'art. 734 précité, demander l'assimilation complète d'une séparation de corps qu'il aurait obtenue à un véritable divorce, avec faculté de second mariage.

7. Nous laisserons de côté les incidents de la procédure et ceux relatifs à la question de la garde des enfants : ce sont là de simples escarmouches, préludes de la grande bataille. Il suffira à ceux qui voudront connaître le détail de ces incidents particuliers, de se reporter au journal *le Droit* des 12, 18, 29 décembre 1875, 5, 14 et 16 janvier 1876 : ils y trouveront, à côté des réquisitoires et des plaidoiries, le jugement de la 1re chambre du tribunal civil de la Seine, en date du 17 décembre 1875, sur la garde des enfants, et le séquestre des biens de Mme la princesse de Bauffremont. Il faut toutefois observer que cette décision tombe

(1) A ce propos, nous ne comprenons pas le jugement du tribunal civil de la Seine du 10 mars 1876, lequel, dans ses considérants, et même dans son dispositif, aborde la question de validité du mariage avant de statuer sur la question primordiale de la naturalisation.

devant l'arrêt de la 1re chambre de la Cour d'appel de Paris du 4 janvier 1876, lequel remet tout en question : cet arrêt, en statuant sur une difficulté de procédure, a décidé que la princesse avait eu, en présence des circonstances de la cause, le droit de constituer avoué, même après le renvoi de l'affaire à huitaine pour entendre le ministère public en ses conclusions. Par suite, le jugement précité du tribunal civil de la Seine doit être considéré comme non avenu.

Mais le tribunal civil de la Seine, saisi de nouveau de la question, à la suite de l'arrêt de réformation du 4 janvier 1876, a rendu à la date du 16 janvier de la même année, (voir *le Droit* du 16 janvier), un jugement déclarant que « la garde des deux enfants issus du mariage cessera d'appartenir à Mme la princesse de Bauffremont. » De plus, et comme moyen de sanction, cette décision judiciaire frappe de séquestre (1) tous les biens mobiliers et immobiliers de la princesse en France.

Nous ferons une remarque importante en terminant l'indication de ces diverses péripéties de la procédure : la Cour d'appel de Paris, dans son arrêt du 4 janvier 1876 (*Droit* du 5 janvier), a refusé à M. le prince de Bauffremont la suppression par lui demandée de la qualification de « *princesse Bibesco*, » prise aux débats et dans les actes du procès par la princesse plaidante : voici, sur ce point, les termes de l'arrêt :... — « En ce » qui concerne la qualification prise par la princesse » de Bauffremont : — considérant que le changement » d'état sur lequel elle se fonde pour se qualifier de » *princesse Bibesco* est précisément invoqué par le » prince de Bauffremont, son mari, à l'appui de sa de» mande : — qu'en dehors de la question spéciale

(1) Nous déclarons ne pas comprendre cette reproduction de la *confiscation* dans notre droit actuel!!!

» qui lui est actuellement soumise, il n'appartient pas » à la Cour de préjuger l'existence et les effets légaux » de ce prétendu changement d'état, en ordonnant la » suppression demandée; — que le simple fait, par la » princesse, de prendre la qualification dont il s'agit, » ne tombe point d'ailleurs sous l'application des ar- » ticles 1036 du Code de procédure et 23 de la loi du » 17 mai 1819; — Par ces motifs — ..... — dit qu'il » n'y a pas lieu, quant à présent, d'ordonner la suppres- » sion, dans la requête et dans l'exploit d'assignation, » de ces mots, — *aujourd'hui princesse Bibesco*, — » s'appliquant à la princesse de Bauffremont;.... etc... » etc... »

La Cour d'appel de Paris a manifestement entendu réserver ainsi entièrement, pour un débat ultérieur et principal, la question de la validité de la naturalisation de la princesse de Bauffremont en Allemagne, et la question de la validité du second mariage qui s'en est suivi avec M. le prince Georges Bibesco. Il y a, en effet, entre ces deux actes de la princesse, une relation directe de cause à effet. Si la naturalisation, réalisée dans l'Etat de Saxe-Altenbourg, est valable, la princesse a pu légitimement contracter une nouvelle union; elle n'est ni adultère, ni bigame, même au point de vue de la loi française : devenue Allemande, la princesse a pu convertir sa séparation prononcée en France en un divorce définitif et se remarier, conformément à sa nouvelle loi de femme naturalisée dans l'Etat de Saxe-Altenbourg.

8. Revenons donc à la question de naturalisation, puisqu'elle doit être le pivot de la discussion; pour arriver à une solution rationnelle, nous prendrons, comme point de départ, les principes connus et acceptés par tout le monde. Il sera facile ensuite de dégager

l'inconnu et de préciser les règles qui doivent prévaloir en cette matière, soit au point de vue français, soit même au point de vue allemand.

9. Supposons que M. le colonel de Bauffremont eût jugé à propos de se faire naturaliser à l'étranger, dans les conditions où la princesse a elle-même agi. De l'aveu de tous les jurisconsultes, rien ne serait plus légal, même au point de vue français : un homme majeur, ayant la plénitude de la capacité civile, peut modifier à son gré sa nationalité personnelle : marié ou non marié, il a le droit de se faire naturaliser en pays étranger, et d'y exercer ensuite toutes les facultés reconnues par les lois de sa patrie nouvelle. La seule question qui ait été soulevée est celle de savoir si les effets de la naturalisation, une fois obtenue, sont individuels, ou s'ils s'étendent également à la famille, par conséquent à la femme et aux enfants mineurs ou majeurs de celui qui l'a obtenue. La plupart des auteurs et des arrêts admettent avec raison que le changement de nationalité du mari *depuis le mariage*, est sans influence sur la nationalité de la femme et des enfants, soit majeurs, soit même mineurs. La nationalité est, en effet, une qualité essentiellement attachée à la personne : la loi n'attribue à aucun représentant le droit de l'aliéner au nom et au préjudice des représentés (1).

10. Supposons encore que Mlle Valentine de Chimay eût, à l'origine, elle, jeune fille étrangère et Belge par la naissance, épousé, en premières noces, un Belge, un Allemand, un Suisse, un Anglais, voire même, depuis l'annexion, un Alsacien ou un Lorrain. Supposons que Mlle Valentine de Chimay fût Française d'origine, et qu'elle eût épousé l'un des étrangers sus-

(1) Voyez M. Demolombe, *Cours de Code civil*, t. 1, n° 175, avec les autorités qu'il rapporte.

nommés, au lieu de s'allier au colonel de Bauffremont : elle serait restée (dans la première hypothèse), elle serait devenue (dans la seconde hypothèse) étrangère de plein droit, aux termes mêmes de la loi française (art. 12 et 19 combinés du Code civil). Si elle avait eu légitimement à se plaindre de son mari, elle aurait pu obtenir le divorce dans tous les pays précédemment désignés. Venant ensuite en France, elle aurait pu, comme étrangère *légalement divorcée*, d'après son statut originaire, ou d'après son statut de femme naturalisée par mariage, se remarier valablement en France, soit avec un nouvel étranger, le prince Bibesco par exemple, soit même avec un Français. Sur ce point, la jurisprudence française est constante, la loi est formelle, et les auteurs sont maintenant unanimes (1). *Ainsi donc, ce qui choque tant chez Mme la princesse de Bauffremont, Belge d'origine, se passerait couramment dans la vie ordinaire, sans que la loi ait un mot à dire, au profit de la Française qui aurait épousé, au lieu d'un Français, un Anglais, un Belge, un Suisse, un Allemand, un Alsacien ou un Lorrain, etc.*

11. Le prince et la princesse de Bauffremont, en admettant que, d'un commun accord, ils se fussent fait simultanément naturaliser en pays étranger, (le mari en vertu de sa propre initiative, la femme avec l'autorisation de son mari ou de la justice), auraient pu, le lendemain, aux termes de leur statut personnel nouveau, se faire considérer comme divorcés, puis se remarier chacun de leur côté, sans encourir aucune

(1) Voyez les autorités rapportées par M. Demolombe, t. I, n° 101; ajoutez Cass. 28 février 1860, avec le savant réquisitoire de M. le procureur général Dupin (Dev. 1860-1-210); Paris, 13 février 1872 (*Revue de droit international et de législation comparée*, année 1872, t. IV, p. 352).

responsabilité devant la loi française. La seule difficulté, en effet, dans le cas actuel de Mme la princesse de Bauffremont, naît du *défaut d'autorisation* lors de sa naturalisation en Allemagne.

Quelle belle chose que les formes !

Aucun jurisconsulte n'a jamais soutenu qu'une femme mariée pût, *pendant le mariage*, changer librement de nationalité, en vertu de son initiative indépendante, et sans aucune autorisation, soit de son mari, soit au moins de la justice. Tout le monde reconnaît, au contraire, la nécessité de cette autorisation. La règle de l'unité de nationalité au foyer domestique découle à la fois de la nature du mariage, qui repose sur la notion de l'indivisibilité, « *individuam vitæ consuetudinem continens*, » de l'unité nécessaire de domicile (art. 214), et du principe de la puissance maritale, qui contient l'idée d'autorité (1). Voilà pourquoi la souveraineté nationale de chaque pays impose, dans les lois promulguées, à toute femme mariée, dès le début de son union, la nationalité de son mari.

Mais, le mari et la femme, s'entendant ensemble, peuvent changer leur nationalité commune au cours du mariage.

Nous inclinerions même à penser que le mari, *au cours du mariage*, pourrait autoriser sa femme à acquérir une nationalité différente de la sienne, se faire lui-même naturaliser Belge, par exemple, en habilitant sa femme à l'effet d'obtenir, pour elle, la nationalité anglaise. L'unité de nationalité nous paraît être de la *nature*, mais non pas de l'*essence* du mariage. D'autre part, cette différence dans les statuts, entre le mari et la femme, peut parfaitement se produire, de l'aveu de

(1) Comparez M. Varambon, *Revue pratique de droit français*, année 1859, t. VIII, p. 49 et suivantes.

tout le monde, dans le cas où le mari se fait seul naturaliser en pays étranger (1). Enfin les art. 12 et 19 du Code civil n'imposent l'identité de régime national entre époux qu'*au début* de l'union conjugale. La loi a craint, sans doute, les clauses contraires qui auraient pu facilement se généraliser et devenir de style dans les contrats de mariage passés entre personnes de nationalités différentes. Aussi les auteurs admettent-ils généralement qu'*au début* de l'union civile, les art. 12 et 19 s'imposent comme une loi d'ordre public, à laquelle il ne peut point être dérogé (2).

12. Allons plus loin. M. le colonel de Bauffremont, agissant dans la plénitude de sa liberté d'action, n'aurait, à l'heure actuelle, qu'à se faire naturaliser dans l'un des pays qui nous entourent, lesquels presque tous admettent le divorce : il recouvrerait aussitôt son indépendance, et il pourrait, en remplissant les conditions de son statut personnel nouveau, se remarier à son gré. Ce faisant, il ne serait ni adultère, ni bigame; il serait couvert par la loi étrangère : l'art. 3, al. 3 du Code civil conduit certainement à ce résultat.

Dans tous ces cas, la loi française, d'après la doctrine et la jurisprudence (sans controverse possible), n'a qu'à s'incliner et à laisser passer (3).

13. Nous arrivons ainsi, par la progression naturelle des idées, à l'examen du cas spécial de Mme la princesse de Bauffremont. Précisons la situation légale qui lui était faite par l'arrêt de la Cour d'appel de Paris

(1) Comparez *suprà*, n° 9, et M. Demolombe, *Cours de Code civil*, t. I, n° 175.

(2) Voyez M. Demolombe, t. I, n°s 183 et suivants.

(3) Voyez M. Dalloz, Codes annotés, sur l'art. 19 et sur l'art 8 du Code civil, n°s 58 et suivants, avec les références; comparez Sirey, *Jurisprudence du XIXe siècle*, table décennale de 1861 à 1870, par M. Ruben de Couder, *au mot* séparation de corps.

du 1er août 1874. La princesse était déclarée désormais séparée de corps et de biens, et la garde de ses enfants lui restait confiée. Que pouvait-elle faire?

Il est certain d'abord qu'elle avait le droit de se choisir un domicile propre et indépendant : elle pouvait même s'expatrier, en allant fixer sa résidence hors de France, loin de son mari et en pays étranger (1). En effet, la séparation de corps, si elle ne rompt pas le lien du mariage, anéantit du moins, entre les époux, l'obligation de la cohabitation : les rapports de subordination, qui s'attachent d'une manière prédominante à la personne, sont altérés : la femme séparée n'est plus soumise à suivre son mari; il est naturel, dès lors, qu'elle ait le droit de se choisir un domicile distinct.

Toutefois, ainsi que le fait remarquer fort judicieusement M. Demolombe (*Cours de Code civil*, t. IV, n° 498, lorsqu'il s'occupe des effets de la séparation de corps), les tribunaux conservent encore un certain pouvoir discrétionnaire, dans l'intérêt des enfants : « Si la garde des enfants avait été confiée à la mère, dit l'éminent jurisconsulte, tout en conservant, même alors, la faculté de s'établir dans le lieu où elle voudra et d'emmener ses enfants avec elle, il ne faudrait pourtant pas qu'elle s'arrangeât de manière à rendre impossible pour le père, l'exercice du droit qui lui appartient toujours de les voir et de les surveiller (art. 303). C'est là du moins une question de fait (2).

14. Une réflexion se présente ici à l'esprit :

(1) Voyez M. Demolombe et les autorités qu'il rapporte, t. I, n° 358.

(2) Angers, 6 mai 1841, Dev. 41-2-218; — Cass. 28 février 1842, Dev. 42-1-210; — Cass. 29 avril 1862, Dev. 1862-1-945. — M. Laurent, jurisconsulte belge, admet la même doctrine dans ses *Principes de droit civil français*, t. II, n° 85, p. 116, et t. III, n° 350, p. 401 et suivantes.

Mme la princesse de Bauffremont, libre de se choisir souverainement un domicile nouveau, aurait certainement pu se rendre, avec ses enfants, dans un pays dont la loi particulière considérât l'installation définitive avec domicile fixe, comme emportant attribution inévitable et nécessaire de nationalité *(jure soli)* au profit de la personne ainsi domiciliée. Pothier, dans son *Traité des personnes et des choses*, 1re partie, tit. 2, sect. 3, nos 57 et 59 (édition Bugnet, t. IX, pag. 29), nous signale des cas où ces principes étaient admis sous l'empire de l'ancienne jurisprudence française, dans le but notamment de peupler nos colonies (1).

Eh bien! Mme la princesse de Bauffremont, naturalisée par un semblable procédé, aurait certainement pu divorcer, se remarier, user enfin de toutes les prérogatives accordées par son statut personnel nouveau. Aucune critique ne pourrait lui être adressée, en France, par le ministère public.

Supposons encore, dans le même ordre d'idées, que Mme la princesse de Bauffremont, ayant été séparée d'avec son mari quelques années plus tôt, par exemple *avant* la guerre franco-allemande, se fût décidée à transporter son domicile en Alsace. L'annexion de l'Alsace et d'une partie de la Lorraine à l'Allemagne survenait : la princesse était mise en demeure, sous peine de perdre la qualité de Française par une naturalisation réelle, collective et générale, d'opter pour cette nationalité avant le 1 octobre 1872 : telle a été du moins l'interprétation rigoureuse donnée par la chancellerie prussienne à l'article 2 du traité de paix conclu le 10 mai 1871, en ce qui concerne les individus

(1) M. Laurent (*Principes de droit civil français*, t. I, n° 376, p. 482) nous révèle l'existence également, en Belgique et en Espagne, de cas d'*indigénat* accordé sous certaines conditions.

domiciliés en Alsace-Lorraine, sans toutefois y être nés (1). Mme de Bauffremont n'optait pas : elle devenait alors, de plein droit, Allemande : elle pouvait, par suite, profitant du statut national de sa nouvelle patrie, invoquer l'assimilation reconnue par le Code prussien, entre la séparation de corps et le divorce, puis se remarier avec M. le prince Georges Bibesco. La loi française n'avait rien à y voir.

15. Tout ce que nous venons de dire montre clairement combien sont élastiques et capricieuses parfois, dans leur application pratique, les lois de bonnes mœurs et d'ordre public. Cela tient à ce que ces sortes de lois sont arrêtées chez chaque peuple suivant son génie et ses besoins particuliers dont le législateur est l'arbitre suprême : or, les nécessités sociales ne sont les mêmes ni dans tous les temps, ni chez tous les peuples. La loi sociale n'a pas l'immutabilité, ni l'ubiquité de la loi divine : elle n'a pas le même point de départ, et elle ne se propose point le même but, ni le même idéal. Le législateur humain, renfermé dans les limites étroites du temps et de la durée, est obligé de se préoccuper, avant tout, de l'intérêt général, de l'utilité commune, des besoins immédiats du peuple en vue duquel il promulgue ses décisions : il doit dès lors se contenter de formuler celles des règles de morale et d'ordre public qui lui paraissent indispensables à la marche et aux progrès de la société particulière qu'il a en vue. Il arrive ainsi à des solutions essentiellement contingentes qui peuvent être en complet désaccord avec les décisions d'un législateur voisin. C'est ainsi, par exemple, que, suivant les pays, la polygamie sera ou non tolérée, le divorce sera ou ne sera pas admis.

(1) Voyez, en effet, les documents rapportés dans la *Revue critique de droit français*, années 1872-1873, p. 221, par M. Robinet de Cléry.

16. Mais, laissons de côté ces hypothèses et ces considérations diverses, pour nous placer en face de la situation vraie de Mme la princesse de Bauffremont. Que faut-il penser de sa naturalisation dans l'Etat de Saxe-Altenbourg et du nouveau mariage qui s'en est suivi à Berlin ? Cette naturalisation est-elle valable soit au point de vue français, soit au point de vue allemand ?

Deux systèmes sont ici en présence sur cette question si intéressante et si grave en même temps : l'un admettant l'affirmative, l'autre au contraire se prononçant énergiquement en faveur de la négative. Nous allons examiner les raisons produites à l'appui de chacune de ces opinions.

17. La première doctrine peut se formuler de la manière suivante : une femme, mariée à un Français, recouvre par la séparation de corps et de biens judiciairement prononcée la plénitude de son indépendance quant à sa personne : *elle peut*, en conséquence, *se faire librement naturaliser* en pays étranger *sans aucune autorisation, soit de son mari, soit de la justice : une fois naturalisée, elle peut user de toutes les facultés accordées aux indigènes par les lois de sa nouvelle patrie.*

Un seul auteur à notre connaissance s'est prononcé en ce sens : c'est M. Blondeau dans la *Revue du droit français et étranger*, année 1844, t. I, pag. 645, et année 1845, t. II, pag. 133 et 150 à 152. Aucun arrêt n'a, dans la pratique, adopté cette solution (1).

Sept arguments principaux peuvent être mis en avant, à l'appui de cette manière de voir toute favorable à Mme la princesse de Bauffremont.

(1) Il est à remarquer du reste, nous le démontrerons bientôt, qu'aucun arrêt n'a eu à statuer sur une hypothèse réellement similaire à l'espèce actuelle.

1° Au point de vue de la *tradition historique*, reportons-nous au droit canon et à l'ancien droit français, sources de la séparation de corps consacrée aujourd'hui par les art. 306 à 311 du Code civil.

M. Massol (*Traité de la séparation de corps*, édition de 1875, p. 265, texte n° 7 et note 2) nous apprend que le droit canon, s'attachant à l'objet principal et essentiel de la séparation de corps, à savoir la dispense de la vie commune,en faveur de l'époux innocent, (homme ou femme), permettait à cet époux d'entrer dans la vie religieuse et même dans les ordres sacrés, en vertu de son initiative indépendante et sans avoir à consulter son conjoint (1). Or, MM. Aubry et Rau (t. I, § 80, pag. 317, texte n° 1, notes 11 et 12) attestent que, suivant le droit ancien, la profession religieuse, consommée par l'émission de vœux monastiques solennels, entraînait la mort civile et l'a toujours entraînée jusqu'à la loi des 13-19 février 1790. Donc l'époux (au moins l'époux innocent), recouvrait la libre disposition de son état civil : s'il pouvait s'exposer, en vertu d'un acte de sa libre initiative, à perdre cet état, à l'aliéner par la mort civile résultant de la profession religieuse, à plus forte raison doit-il aujourd'hui pouvoir modifier sa nationalité, puisque c'est là un acte beaucoup moins grave que l'acte d'encourir la mort civile. Il est d'ailleurs à remarquer que Pothier, parlant des effets de la séparation d'habitation, (*Traité du contrat de mariage*, n° 523, édition Bugnet, t. VI, p. 241), n'applique plus la puissance maritale qu'aux biens : « La séparation

(1) Voyez chap. 15, décrétales de Grégoire IX, *De conversio. conjug.*, lib. 3, tit. 32; Van Espen, *Jus ecclesiasticum universum*, Pars 2, sect. 1ª, tit. 15, cap. 2, *De separatione matrimonii quoad thorum et cohabitationem*, n° 7 : — Comparez Pothier, *Traité du contrat de mariage*, n° 468 à 485 (Edition Bugnet, t. VI, p. 213 à 221).

d'habitation, dit-il, ne rompt pas le lien du mariage : elle donne seulement atteinte aux effets qu'il produit. Le mari conserve, même encore après la séparation d'habitation, *quelque reste de la puissance maritale*, la femme séparée ayant besoin, pour les actes qui tendraient à *l'aliénation de ses immeubles*, de l'autorisation de son mari, ou, sur son refus, de celle du juge, qui en est représentative. » Donc la femme, par le jugement de séparation de corps, recouvre la plénitude de son indépendance quant à son état civil et à sa nationalité. Sa personne échappe désormais aux pouvoirs du mari. Voilà le droit ancien.

Nous nous garderons bien d'ajouter avec M. Blondeau qu'il faut ici remonter aux règles du divorce, la séparation de corps n'ayant été autorisée « qu'autant qu'il » le fallait pour ne pas violenter la conscience des » époux catholiques. » Un abîme, en effet, sépare ces deux institutions. C'est bien plutôt dans le droit ancien et dans le droit canonique, sources véritables de la séparation de corps actuelle, qu'il convient de chercher des analogies.

2° L'unité de nationalité, d'ailleurs, se rattache, par une connexité fort étroite, à l'unité de domicile : il y a là une relation de cause à effet. Le législateur a voulu qu'une loi, identique pour les deux époux, présidât aux relations du foyer domestique. Il a redouté les rivalités de législation dans cette vie de tous les jours : tels sont les motifs qui ont été donnés à l'appui des art. 12 et 19 du Code civil : or précisément la séparation de corps permet à la femme d'avoir désormais un domicile séparé : donc elle peut aussi acquérir sa loi spéciale et son statut personnel, particulier et distinct : *cessante causâ, cessat effectus*. L'unité de nationalité n'est pas de *l'essence* du mariage : voyez *suprà*, n° 11.

3° La nécessité de l'autorisation maritale en pareille matière, ou de l'autorisation de la justice, ne serait pas moins contraire à la nature de la séparation de corps : il est certain que le jugement de séparation, s'il ne rompt pas le lien du mariage, rompt du moins entre les époux les rapports de subordination qui s'attachent plus à la personne qu'aux biens (1). Il n'y a plus désormais de subordination nécessaire de la femme au mari ; l'expatriation même est possible malgré le mari : le devoir d'assistance respective a perdu son caractère juridiquement obligatoire : l'obligation de fidélité n'est plus qu'un mythe du côté du mari : car, ainsi que le fait remarquer fort judicieusement M. Demolombe, sur les effets de la séparation de corps (t. IV, n°s 500 et 502), l'adultère du mari ne pourra plus être réprimé, puisqu'il n'est punissable qu'autant que le mari a tenu sa concubine dans la maison conjugale, et qu'il n'y a plus, après la séparation de corps, de maison conjugale (art. 339 du Code pénal) : or si, en effet, les rapports de subordination *personnelle* sont désormais anéantis, la femme recouvre encore, à ce nouveau point de vue, la liberté complète de son état civil : donc elle peut, sans aucune autorisation maritale ou de justice, changer de nationalité.

4° Au point de vue rationnel, M. Blondeau est absolument dans la vérité des situations lorsqu'il dit : « Réduire le pouvoir de l'homme séparé de corps à une sorte de *veto*, c'est-à-dire déclarer que le droit de demander la naturalisation appartient à la femme, mais avec le concours de cet homme, ce ne serait pas assez faire. Et qu'on n'objecte pas que les intérêts du mari peuvent être froissés par le changement de nationalité opéré

(1) Voyez, en ce sens, MM. Massé et Vergé sur *Zachariæ*, t. I, p. 182, note 4.

par sa femme : au contraire, la femme choisira, sans doute, pour y obtenir la naturalisation, le pays où elle peut augmenter sa fortune (qu'elle transmettra à ses enfants), et *où elle pourra obtenir le plus de considération*. La nécessité d'un concours de volonté de la part du mari ne serait donc qu'une fâcheuse entrave..... La femme séparée serait à la merci d'un homme qui doit être présumé avoir plutôt pour elle de la haine qu'un sentiment de bienveillance.... Nous convenons qu'un mari pouvait avoir, sous l'empire de l'art. 310 du Code civil, quelque intérêt à exercer de l'influence sur la naturalisation de son conjoint; mais cet intérêt est trop faible, en comparaison de celui que chacun a d'être parfaitement libre à cet égard, pour qu'on puisse sacrifier celui-ci au premier. » La femme peut, d'ailleurs, avoir le plus grand besoin de se faire naturaliser à l'étranger, si elle est sans fortune actuelle : par exemple, pour y recueillir une succession dont sa qualité de Française la ferait écarter, ou pour y exercer une profession lucrative exigeant la qualité d'indigène. Chacun connaît les difficultés d'existence et la fausse position, en France, des femmes séparées.

Cette dernière considération, du reste, paraît avoir puissamment agi sur l'esprit de Mme la princesse de Bauffremont. Elle déclare elle-même, dans sa lettre du 19 décembre 1875 (voir le *Figaro* du 25 décembre), qu'en venant demander à des lois étrangères un foyer, le repos et le bonheur, elle n'a entendu froisser, ni heurter aucune des lois françaises : « Je ne voulais, dit-elle, que *redevenir* étrangère pour perdre le droit de me plaindre du passé et de garder rancune à la France de longues années de douleur, de veuvage, de luttes sans nom, pour obtenir une tardive justice.... Allemande, libre, heureuse, je n'ai plus de mémoire que pour les amis que j'aime, pour les dévouements qui m'ont accompagnée, pour les sympathies qui m'ont soutenue. » L'on ne saurait mieux dire.

5° Où donc est le texte de loi qui interdisait à Mme la princesse de Bauffremont ou qui interdirait à toute femme séparée de corps, le changement de nationalité sans l'autorisation de son mari ou de la justice? Car enfin tout ce qui n'est pas défendu explicitement ou implicitement par les textes des Codes français est permis. N'oublions pas qu'il s'agit ici d'apporter une entrave considérable à l'application des principes de liberté et à l'inviolabilité de la personne humaine. Les règles générales du droit et la tradition historique n'imposent pas, nous venons de le voir, ce résultat. Dès lors il faut nécessairement invoquer un texte : or, aucune loi spéciale et formelle n'est mise en avant. Les adversaires de la doctrine que nous exposons se contentent de se référer soit aux articles 215, 217 et suivants, soit à l'article 1449 du Code civil, lesquels s'occupent exclusivement des *biens*; les biens peuvent, en effet, former encore l'objet de certaines préoccupations du mari, par exemple dans l'intérêt des enfants communs ou pour subvenir à telle ou telle charge encore existante du mariage : mais ces textes ne contiennent pas un mot qui soit applicable à la *personne* de la femme ou à la question de naturalisation. Il n'y a point d'analogie directe entre ces deux ordres de difficultés (1).

(1) L'incapacité de la femme mariée, telle que notre Code l'établit, ne s'applique pas à toute espèce d'actes (Code civil, art. 1124). Elle s'applique d'abord aux actes judiciaires (art. 215), puis, parmi les actes extra-judiciaires, à ceux qui concernent les biens et à ceux-là seuls (art. 217). Et c'est pourquoi l'on admet unanimement que la femme mariée n'a pas besoin d'autorisation pour reconnaître un enfant naturel. Son incapacité étant ainsi limitée, c'est un argument sans force et sans valeur que celui qu'on formule ainsi : « L'article 1449 ne soustrait la femme séparée de corps à la règle

6° Voyez, d'ailleurs, à quelles singulières conséquences l'on pourrait aboutir avec le système restrictif. Ses partisans sont obligés de reconnaître que M. le colo-

» de l'autorisation qu'en ce qui concerne l'administration de ses » biens, et par conséquent cette règle continue de s'imposer à elle » pour tous les actes étrangers à ladite administration. » Oui, répondrons-nous, la femme séparée de corps reste soumise à la règle pour tous les cas que l'article 1449 n'excepte pas; mais encore faut-il qu'il s'agisse d'actes compris dans la règle. Or, la naturalisation n'y est pas comprise : car elle a trait à la personne, et non pas aux biens. Voulons-nous dire par là que la femme non séparée de corps puisse se faire naturaliser en pays étranger sans la volonté de son mari? Non, à coup sûr. Mais cela ne tient point du tout à son incapacité ordinaire; cela tient à ce que la loi lui impose le domicile de son mari (art. 108). Or la naturalisation étant partout subordonnée à l'acquisition préalable d'un domicile, il faudrait, pour que la femme se fit naturaliser en pays étranger, que le mari consentît à transférer son propre domicile dans le pays dont elle se propose d'acquérir la nationalité. Ce point de vue nous paraît tellement vrai, que, dans notre opinion, la justice ne pourrait pas, sur le refus du mari, autoriser la femme à demander sa naturalisation en pays étranger : car la conséquence d'une telle autorisation serait ou de lui permettre de se créer un domicile distinct de celui du mari, ou d'obliger le mari lui-même à changer de domicile. Mais, lorsqu'une séparation de corps a été prononcée, tout change : la femme peut se choisir un domicile propre. Ce point ne faisait point de doute dans notre ancien droit. (Pothier, *Contrat de mariage*, n° 522. — *Introduction générale aux contrats*, n° 10.) Et il est également reconnu par les auteurs et par la jurisprudence. Si donc, lorsque la vie commune est obligatoire, il n'y a que l'unité forcée de domicile qui empêche la femme de changer de nationalité selon sa volonté, cet obstacle disparaît nécessairement de plein droit du jour où une séparation de corps lui a permis de vivre seule et d'avoir un domicile à elle. Au surplus, pourquoi permettre à la femme séparée de corps de se domicilier en pays étranger, si on lui refuse de s'y faire naturaliser? Est-ce que le principal avantage d'un tel domicile ne consiste pas précisément à rendre une naturalisation possible? Et puis, si par hasard, il se trouvait un pays où, — comme autrefois dans nos colonies, — le domicile emportât de plein droit la naturalisation, est-ce que la femme, domiciliée dans un tel pays, n'y serait pas, par cela même, naturalisée? Notre démonstration nous paraît complète. Mais allons plus loin encore. Si la loi française est muette sur les conditions relatives à la capacité exigée pour se faire naturaliser en pays étranger, cela tient, selon nous, à ce que, d'avance et d'une manière générale, elle accepte à cet égard les règles du pays où la naturalisation s'opère. » (*Sic Revue du notariat*, à l'endroit déjà cité.)

nel de Bauffremont pourrait se faire, sans que la loi eût mot à dire, naturaliser Belge ou Allemand : mais ils affirment que la Mme la princesse de Bauffremont ne pouvait agir de même qu'avec l'autorisation préalable de son mari ou de la justice.

Eh bien! appliquons leurs principes : un mari, après la séparation prononcée contre lui, aurait donc la faculté d'abord de se faire naturaliser lui-même en pays étranger, ensuite d'empêcher sa femme séparée de corps de changer, elle aussi, de nationalité!!!

Une fois naturalisé dans un pays admettant le divorce, ce mari pourrait convoler à de nouvelles noces : sa femme, séparée de corps et restée Française, ne le pourrait pas : elle serait ainsi soumise à l'autorité maritale d'un conjoint remarié à l'étranger! Elle devrait s'adresser à lui, non-seulement comme le disent les articles 215, 217, 1449 du Code civil, pour l'aliénation de ses biens, mais aussi pour les actes les plus intimes concernant sa personne! Admirez donc la logique des situations : une femme, après avoir obtenu sa séparation de corps, forcée, pour se faire naturaliser, de demander le consentement d'un époux qui aurait contracté à l'étranger une nouvelle union!!!

Cette femme subissant même, au besoin, l'affront de visites domiciliaires de la police chargée, par son ancien mari, (qui aurait cependant convolé à de nouvelles noces), de contrôler la manière dont elle observe l'obligation de fidélité! L'adultère *de la femme*, dit en effet M. Demolombe, serait toujours punissable, même après la séparation de corps, aux termes de l'article 336 du Code pénal (*Cours de Code civil*, t. IV, n° 500).

De grâce, laissons de côté les raisonnements à outrance. Il est reconnu, en pratique, que trop souvent, le pouvoir certain d'intervention du mari, quant à l'exercice, par sa femme séparée de corps, du droit d'aliéner ses biens, est la source des plus monstrueux abus. Il n'y a pas bien des années, nous plaidions pour une malheureuse femme à l'égard de laquelle son mari, atteint par un jugement flétrissant de séparation, avait imaginé de transformer ses autorisations en un moyen de battre monnaie. Il voulait finalement lui retirer l'autorisation de continuer un commerce lucratif qui faisait vivre toute la jeune famille : la justice y a mis bon ordre.

Loin donc de vouloir élargir les pouvoirs d'autorisation du mari, après la séparation de corps, nous croyons au contraire qu'il convient de les restreindre dans les strictes limites des textes : il faut surtout les écarter là où la loi est muette, et dans les cas où la liberté individuelle est en jeu.

De ce que la femme encore *mariée*, appelée à habiter la même maison que son mari (art. 214), ne peut pas changer de nationalité par un acte indépendant de sa seule volonté, il ne s'ensuit pas du tout qu'il doive en être nécessairement de même de la femme *une fois séparée de corps :* car, dans ce dernier cas, il n'y a plus ni foyer commun, ni unité de domicile, sources précisément de l'unité de nationalité et de la prééminence maritale en matière *personnelle* et individuelle.

La conclusion de la doctrine que nous exposons ici est donc toute en faveur de la validité (en ce qui concerne la loi française) de la naturalisation obtenue, dans l'Etat de Saxe-Altenbourg, par Mme la princesse de Bauffremont, sans aucune autorisation soit de M. le colonel de Bauffremont, soit de la justice. Plaçons-nous maintenant au point de vue de la loi allemande.

7° Aux termes de l'article 734 (cité plus haut n° 5) du *Code* général *allemand, la séparation de corps et de biens,* intervenue entre catholiques, *a tous les effets civils du divorce et produit toutes les conséquences qui s'y rattachent.* Or, Mme la princesse de Bauffremont avait é·· séparée de corps par un arrêt de la Cour d'appel de Paris en date du 1 août 1874 : donc elle pouvait, sur sa demande, être considérée en Allemagne comme une femme divorcée. C'est ainsi du reste, suivant la judicieuse remarque de notre savant confrère de la *Gazette des tribunaux* (numéro du 16 décembre 1875, page 1209), que l'on a entendu la qualifier dans l'acte même de mariage avec M. le prince Bibesco, en la désignant comme épouse *separirt* de M. le prince de Bauffremont. Le mot allemand *separirt* est celui qui s'emploie pour indiquer la rupture du lien matrimonial par le divorce ou par la séparation de corps, entre catholiques, assimilée au divorce.

L'art. 734 du *Landrecht* allemand ne distingue pas entre les jugements de séparation de corps rendus en Allemagne, et les jugements du même genre rendus en pays étrangers. Mme la princesse de Bauffremont aurait donc pu, même sans changer de nationalité, venir en Allemagne et demander à bénéficier des institutions de ce pays.

Mais elle n'a point voulu en agir ainsi : elle a cherché à éviter tout ce qui ressemblerait à une révolte directe contre les institutions françaises. Elle s'est fait, en conséquence, préalablement naturaliser Allemande dans l'Etat de Saxe-Altenbourg : c'est ensuite seulement qu'elle s'est présentée devant l'officier de l'état civil de Berlin pour obtenir la célébration de son second mariage.

Il nous semble que cet officier de l'état civil a agi tout à fait correctement en obtempérant à cette demande, soit parce que Mme la princesse de Bauffremont, étant devenue Allemande par une naturalisation régulière, se trouvait désormais régie par le statut personnel de

Prusse; soit parce que la princesse, même fût-elle restée Française, avait le droit d'invoquer la généralité des termes de l'art. 734 du Code civil prussien. Tel est bien d'ailleurs le sens des différentes observations présentées sur ce sujet par les journaux étrangers.

Le système de M. Blondeau nous paraît, à l'aide des *développements qui précèdent*, solidement appuyé sur tout un ensemble d'arguments que le savant jurisconsulte avait omis d'indiquer dans ces deux dissertations publiées par la *Revue de droit français étranger*, année 1844, t. I, pag. 645 à 658 et année 1845, t. II, page 133 à 158. Il est temps de passer à l'examen de la seconde théorie. Nous exposerons successivement les différents motifs qu'elle invoque, en plaçant constamment la réfutation, telle que nous la comprenons, à la suite de chacun des arguments présentés.

18. D'après cette seconde doctrine, une femme mariée à un Français et judiciairement *séparée de corps*, ne peut pas se faire naturaliser en pays étranger, sans *l'autorisation de son mari ou de la justice*.

Cette théorie est soutenue avec un remarquable talent par l'un des maîtres les plus éminents de la science, M. Labbé, notre savant collègue de la Faculté de droit de Paris, dans une dissertation publiée par le *Journal du droit international privé et de la jurisprudence comparée* (1), numéro de novembre-décembre 1875, t. II, pag. 409 à 421. De la prémisse une fois posée, M. Labbé tire deux conséquences, inévitables, en effet, avec sa théorie : — D'abord nullité de l'acte de naturalisation obtenu par Mme la princesse de Bauffremont dans l'État de Saxe-Altenbourg, à cause du défaut

(1) Cette théorie n'a été, du reste, depuis la publication de l'article de M. Labbé, l'objet d'aucune adhésion. Tous les travaux publiés récemment sont en sens contraire et adoptent le système de M. Blondeau, soutenu par nous.

d'autorisation maritale ou de justice; — ensuite nullité du second mariage contracté par Mme la princesse à Berlin avec M. le prince Georges Bibesco. — M. Labbé soutient d'ailleurs que cette double nullité existe en même temps au point de vue de la loi française et au point de vue de la loi allemande. M. Demolombe (*Cours de Code civil*, t. IV, n° 111 *in fine*, pag. 130, édition de 1874) et M. Dalloz (*Jurisprudence générale*, au mot *Droits civils*, n° 118) ont seuls prévu directement la difficulté. La question que nous examinons en ce moment est, en effet, avec la forme du moins sous laquelle elle se présente à l'heure actuelle, aussi neuve que pleine d'intérêt et de gravité.

Il est vrai que M. Labbé cite, en faveur de sa doctrine, l'opinion de MM. Aubry et Rau, dans leur *Cours de droit civil français*, quatrième édition, t. V, pag. 137 à 138, § 472, texte et note 4; ajoutez le même tome V, pag. 200, § 494, texte n° 1, note 8. Il indique également M. Valette, *Explication sommaire du livre premier du Code civil*, pag. 148, n° 8, et M. Laurent, *Principes de droit civil français*, t. III, n° 96, pag. 129 et n° 244 *in fine*, pag. 396. Mais il suffit de lire les passages de ces auteurs, qui sont précisément rapportés *in extenso* dans la dissertation de notre savant collègue à la page 413 du tome II du *Journal de droit international privé*, pour reconnaître que MM. Aubry et Rau, Laurent, Valette et autres jurisconsultes, indiqués comme références, se bornent à poser les *principes généraux de l'incapacité de la femme mariée :* aucun d'eux n'a prévu l'application de ces principes au point de vue particulier de la *naturalisation* obtenue, à l'étranger, par une femme *séparée de corps*, sans l'autorisation de son mari ou de la justice.

Nous ferons la même observation quant aux documents de jurisprudence mis en avant par M. Labbé à la page 414 du journal qui contient sa dissertation, savoir : Cass. 6 mars 1827 (Dev. 8-1-541); Cass. 13 novembre 1844 (Sir. Dev. 1845-1-45). Ces deux arrêts, d'accord avec la jurisprudence la plus récente, maintiennent l'extension des art. 215, 217 et suivants à la femme mariée séparée soit de biens seulement, soit en même temps de corps et de biens. Les décisions judiciaires et la doctrine des auteurs sont unanimes à le décider ainsi quant aux *intérêts pécuniaires :* c'est un point qui peut être concédé par nous, sans rien préjuger d'ailleurs sur la question toute particulière des conditions à observer pour la naturalisation à l'étranger des femmes mariées à des Français et séparées de corps.

D'ailleurs, quand une opinion a pour elle le haut suffrage de M. J.-E. Labbé, elle a, en sa faveur, une autorité assez considérable, pour qu'il devienne superflu de chercher autre part des appuis. La jurisprudence n'a prévu nulle part, nous le répétons, la difficulté particulière, soulevée à propos de l'affaire de Bauffremont.

Il convient donc d'aborder immédiatement l'étude des différentes raisons présentées par M. J.-E. Labbé à l'appui de sa doctrine rigoureuse et restrictive. Elles peuvent être ramenées aux six suivantes :

1° Il est certain que la femme mariée dont la situation est intacte, c'est-à-dire qui n'est point séparée de corps ni de biens, ne peut pas changer volontairement de nationalité sans l'autorisation de son mari. La même solution est universellement admise pour la femme qui est simplement séparée de biens à la suite de désastres pécuniaires survenus dans la fortune de son mari et par application de l'art. 1443 du Code civil. Or la séparation de corps ne dissout pas le mariage : les époux restent époux : l'union conjugale continue de subsister :

donc ce que l'on décide pour la femme mariée *integri statûs*, il faut le décider pour la femme séparée de corps, en vertu de l'adage, *ubi eadem ratio, ibi idem jus.* Voyez, pour les développements, M. Labbé, pag. 412 *in fine*, 413 et aussi 416 à 417.

Nous repoussons absolument, en ce qui nous concerne, cette assimilation qui sert de point de départ à la théorie de notre savant contradicteur.

Oui, sans doute, la femme séparée de corps reste incapable au point de vue de l'aliénation de ses biens : le droit de libre disposition de son patrimoine ne lui est pas rendu. Mais, du moins, la vie commune cesse : il n'y a plus de domicile conjugal : l'unité du foyer domestique est rompue, et la faculté soit d'avoir un domicile séparé, soit même de s'expatrier, est acquise à la femme : or c'est là précisément le nœud de la difficulté. L'affranchissement de la femme, au point de vue du domicile et de l'expatriation, emporte invinciblement, à notre avis, son affranchissement, par voie de conséquence, au point de vue tout personnel de la naturalisation.

Eh quoi donc! un mari *integri statûs* peut, sans le concours de la volonté de sa femme, (ce point est généralement admis), changer sa nationalité; il peut se faire naturaliser à l'étranger, au cours du mariage, sans consulter sa femme. Et ce droit serait refusé à la femme, *après* qu'elle a obtenu un jugement de *séparation de corps*, alors que les liens de subordination *personnelle* ont été rompus, alors qu'elle peut vivre à l'étranger, alors qu'une naturalisation complémentaire de sa situation lui donnerait peut-être des moyens d'existence, lui ouvrirait une profession lucrative, ou lui conférerait la capacité nécessaire à l'effet de recueillir, pour elle et ses enfants, une succession opulente, dont autrement elle demeurerait exclue! Le mari serait ainsi constitué l'arbitre de la nationalité de sa femme, le surveillant de son état civil, l'opposant éventuel à une mesure de naturalisation, alors qu'il lui a fermé sa maison et qu'il a été déclaré suspect par un arrêt de la justice !

La règle peut être maintenue vis-à-vis de la femme *séparée de* BIENS qui conserve sa place au foyer domestique : elle est inadmissible vis-à-vis de la femme *séparée de* CORPS. A nos yeux, l'unité de nationalité et l'unité de domicile sont deux idées connexes qu'il ne faut point séparer, parce que, encore une fois, il existe entre elles une relation manifeste de cause à effet.

2° M. J.-E. Labbé invoque, en second lieu, l'art. 1449 du Code civil, qu'il rapproche habilement des art. 215, 216, 217 et suivants du même Code. Ces articles combinés affranchissent la femme séparée de corps et de biens ou de biens seulement, de la nécessité de l'autorisation maritale uniquement pour les actes d'administration et, dans une certaine mesure, pour l'aliénation du mobilier : donc *pour tout le reste*, la femme, malgré même la séparation de corps par elle obtenue, demeure incapable et assujettie à la nécessité de l'autorisation maritale ou de justice, suivant le droit commun. La femme, quoique séparée de corps, ne pourrait pas aliéner un hectare de terres sans autorisation : donc à plus forte raison elle ne peut pas disposer de son état civil : elle ne peut pas aliéner sa nationalité française pour en obtenir une autre, sans être préalablement autorisée soit par son mari, soit par la justice.

Il est facile de réfuter ce second argument par une double considération. D'une part, les art. 1449, 215, 217 et suivants du Code civil s'occupent exclusivement des actes concernant les biens, le patrimoine de la femme : ils sont étrangers aux questions purement personnelles pouvant intéresser celle-ci : il faut remonter, pour ce qui concerne ces sortes de difficultés, aux art. 108, 212, 213 et 214, dont précisément la séparation de corps ébranle et entame singulièrement l'application.

D'autre part, il convient de ne point perdre de vue la règle de logique et d'interprétation aux termes de laquelle, *qui ne peut pas une chose, en peut souvent une autre.* Il n'y a aucun rapport entre ces deux idées l'aliénation des biens, et la naturalisation de la personne. Ce sont deux points de vue essentiellement divergents : l'on ne peut pas raisonner de l'un à l'autre. Autrement, il serait facile d'arriver, avec le même procédé, à démontrer la persistance nécessaire du domicile commun (art. 108) même après la séparation de corps, ce que nul jurisconsulte autorisé ne soutient aujourd'hui.

Nous repoussons donc le second argument présenté par M. Labbé, — d'abord, parce qu'il est fondé sur des textes qui ne prévoient nullement notre question de naturalisation, — ensuite, parce que l'argument *à fortiori* du savant professeur nous paraît tendre à prouver beaucoup plus que son auteur ne le désirerait certainement : d'autre part, il méconnait la règle suivant laquelle, en présence de situations essentiellement différentes, il devient impossible de raisonner soit *à pari*, soit même *à fortiori*.

3° Le vœu de la loi du 8 mai 1816, en admettant seulement la séparation de corps, est, ajoute M. Labbé (pag. 415), de maintenir la possibilité d'une réconciliation : or, « de tous les actes que la femme peut accomplir, la naturalisation en pays étranger est celui qui contrariera le plus le but indiqué et rendra le plus promptement la séparation irrémédiable. » Donc, la nécessité de l'autorisation maritale doit être imposée à la femme mariée même séparée de corps, plus encore pour la naturalisation que pour une aliénation d'immeubles.

Nous ferons ici deux réponses : d'abord ces réconciliations tardives, qui sont dans le vœu du législateur, sont bien rares dans la pratique. Les souvenirs du passé, les amertumes de la procédure, les décisions de la justice se réunissent pour creuser l'abîme entre les époux : s'il y a quelques exemples de réconciliations survenues au cours de la procédure, il y a, au contraire, fort peu de réconciliations survenues après le jugement ou l'arrêt prononçant la séparation de corps. Il faut donc tenir un compte médiocre de cette considération législative.

D'autre part, cette possibilité d'une réconciliation n'arrêtait pas le droit canon, ni l'ancien droit français, devant la profession religieuse et les vœux monastiques solennels : voyez *suprà*, n° 17, et Pothier (*Traité du contrat de mariage*, n° 474, édition Bugnet, t. VI, p. 215); ajoutez M. Tissot, sur le *Mariage, la séparation et le divorce*. Or la profession religieuse créait certainement un obstacle définitif à toute réconciliation ultérieure entre l'époux profès et son ancien conjoint : elle présentait tous les inconvénients que peut engendrer aujourd'hui la naturalisation : et cependant l'on pouvait passer outre!!!

4° L'on objectera peut-être que l'époux qui embrassait ainsi la vie religieuse après la séparation de corps était sans doute soumis à la mort civile. Mais il n'acquérait pas la faculté de divorcer, ce que précisément aujourd'hui la naturalisation, dans la plupart des pays étrangers, peut donner à l'époux ainsi naturalisé.

Ce n'est pas la première fois, répondrons-nous, qu'un principe, posé en vue d'un cas déterminé, aboutit à des conséquences ultérieures que ses auteurs n'avaient point prévues; la règle admise autrefois en matière de profession religieuse a sa base directe dans un certain affranchissement *personnel* de l'époux séparé : eh bien! nous invoquons précisément cet affranchissement traditionnel de la *personne*, après la séparation de corps, pour arriver à proclamer la liberté de la naturalisation, *liberté que tous les auteurs et arrêts accordent à l'homme, et qu'il serait injuste de ne pas reconnaître aussi à la femme séparée.*

Sans doute, cette liberté pourra conduire à un divorce : c'est même ce qui est arrivé pour Mme la princesse de Bauffremont. Mais n'oublions pas que nous raisonnons ici avec les lois promulguées : il ne s'agit pas de déterminer ce qui pourrait être désirable au point de vue d'une réforme législative; et certes les réformes à opérer ne manqueraient pas en matière de réglementation matrimoniale, si l'on voulait s'en occuper! Voyez M. Massol, *Traité de la séparation de corps*, projets de réforme, pag. 437 à 490 (édition de 1875). Il ne s'agit pas davantage de se placer au point de vue des dogmes religieux. Il s'agit d'appliquer et d'interpréter la loi civile existante. Or, d'après cette loi, le mariage est considéré comme un contrat civil : il n'est plus, ainsi que dans l'ancien droit français, envisagé, dans le for extérieur, comme un sacrement. Nous maintenons que ni le Code civil, ni aucun autre Code ou loi ne contiennent une disposition d'où l'on puisse inférer une restriction quelconque soit à la liberté de la naturalisation, à l'étranger, des femmes séparées de corps, soit à la liberté du divorce et du convol de ces mêmes femmes une fois naturalisées dans un pays qui admet cette institution. L'on peut protester contre cette situation : mais, en attendant, elle existe et, tant qu'elle ne sera pas changée, elle lie les tribunaux interprètes soumis de la loi promulguée.

5° Nous répondons ainsi, par avance, à une nouvelle observation que M. J.-E. Labbé puise dans un arrêt de la Cour de cassation du 16 décembre 1845 (Sirey, 1846-1-100). La Cour suprême, nous dit-il (page 420), a décidé que, « lorsqu'il est constaté qu'un Français s'est fait naturaliser en pays étranger dans le but d'arriver à un résultat réprouvé par la loi française et afin de se procurer une liberté que cette loi lui refuse, cette naturalisation doit être considérée comme faite en fraude de la loi française et réputée nulle au regard des autorités françaises. » Or, Mme la princesse de Bauffremont s'est fait naturaliser dans l'État de Saxe-Altenbourg dans le but d'arriver ensuite à la proclamation d'un divorce et à un second mariage avec M. le prince Georges Bibesco, actes prohibés par la loi française; donc cette naturalisation est nulle, avec le second mariage qui s'en est suivi.

Notre éminent collègue sait, mieux que nous, que les arrêts de la justice sont (suivant une formule vulgaire) *bons pour ceux qui les obtiennent.* La chose jugée n'a d'effets qu'entre les parties en cause (art. 1351 Cod. civ.) : *Res inter alios judicata aliis nec nocere, nec prodesse potest.*

La différence, d'ailleurs, est considérable entre l'espèce jugée par la Cour de cassation le 16 décembre 1845 et le cas actuel de Mme la princesse de Bauffremont. La Cour suprême était placée en 1845 en face du fait suivant : un homme, Français d'origine, marié et *integri statûs*, avait formé le projet de dissoudre *arbitrairement* son premier mariage. Pour obtenir ce résultat, *de concert avec la femme qu'il voulait épouser en secondes noces*, il était allé passer quelques mois en Suisse, pour s'y faire naturaliser : puis il avait imposé à sa première femme le divorce et *était* ensuite *revenu en France* s'y fixer de nouveau et convoler au second mariage projeté. La Cour suprême a déclaré que la naturalisation et le divorce ainsi obtenus étaient comme non avenus relativement à la première femme, et que la seconde n'était pas valablement mariée.

Tout autre est la situation de Mme la princesse de Bauffremont : elle est étrangère, Belge et non point Française d'origine; elle était déjà judiciairement séparée de corps et n'était plus *integri statûs*, quand elle s'est fait naturaliser en Allemagne; elle n'est pas venue porter un insolent défi aux lois françaises : elle a définitivement quitté la France pour aller vivre, libre et respectée, dans une nouvelle famille et dans un pays plus hospitalier pour elle.

Mme la princesse de Bauffremont a usé (nous l'avons démontré plus haut) d'un droit que lui reconnaissaient à l'envi les lois existantes en France et en Allemagne : or, nul ne peut être réputé faire grief à qui que ce soit, quand il use d'un droit. *Neminem lædit qui suo jure utitur.*

L'on a encore produit aux débats un arrêt de la Cour de cassation du 19 juillet 1875 (D. P. 1876-1-5 à 8 avec l'annotation). Comparez un arrêt de la Cour d'appel de Toulouse rendu à la date du 27 juillet 1874 (Sir. Dev. 1876-2-149).

En vérité, nous ne comprenons pas cette manière de raisonner par analogie entre des *situations absolument différentes*. Après un examen consciencieux et approfondi de tous les documents, nous affirmons qu'il n'y a *pas*, dans la jurisprudence, *un seul précédent* susceptible d'être, à bon droit, invoqué contre Mme la princesse Bibesco. La pratique des tribunaux n'est donc pas engagée à l'avance par des décisions sur cette question.

Ce que nous savons, au contraire, c'est que M. le Dr Bluntschli établit, dans sa savante étude, de la manière la plus victorieuse, l'existence de précédents favorables à Mme la princesse Bibesco, notamment celui-ci : « J'ai sous les yeux, dit l'éminent jurisconsulte (page 31), un document provenant du duché de Saxe-Cobourg-Gotha. Le 16 décembre 1858, M. Schweizer, grand aumônier de la cour, procédait, dans la chapelle ducale, au mariage du comte V. d'E., avec la comtesse A. de R., femme séparée du comte R. de P., de la Galicie, et naturalisée à Gotha. Quoique, d'après le droit autrichien, les époux catholiques séparés ne puissent pas se remarier, non plus que dans le droit français, ce second mariage d'une ci-devant Autrichiennè, séparée en Autriche, n'a jamais été attaqué devant les tribunaux autrichiens. Le mariage fut reconnu valable en Allemagne, et, par cela même, furent partout respectés et la naturalisation allemande et le mariage contracté d'après le droit allemand. »

Nous avouons, du reste, humblement ne pas saisir la portée de ce mot fraude (*fraus legis*), ainsi appliqué à un acte régulier d'une souveraineté étrangère.

En définitive, toutes les formes ont été remplies. Il n'y a eu ni subterfuges, ni clandestinité d'aucune sorte. L'officier de l'état civil, à Berlin, avant de procéder au mariage, a eu, pendant un mois (1) entre les mains les pièces et les différentes décisions judiciaires concernant le premier procès en séparation de corps, procès dont la solution a été toute en faveur de Mme la prin-

(1) Comparez M. Bluntschli, p. 30 *in fine* et 31.

cesse. (Nous affirmons ce fait en connaissance de cause et sur le vu de documents officiels.)

Sans doute l'on n'a pas appelé M. le prince de Bauffremont : mais aucun texte de loi n'imposait ce devoir.

Aussi, dit-on, la fraude ne réside pas dans cette circonstance. Elle résulte de ce fait que Mme la comtesse de Caraman-Chimay, une fois naturalisée, s'est remariée, indiquant par là que la naturalisation avait pour but un second mariage à réaliser : « attendu, déclarent les premiers juges, que la défenderesse a sollicité et obtenu la nationalité allemande, non pas pour exercer les droits et accomplir les devoirs qui en découlaient, en établissant son domicile dans l'Etat de Saxe-Altenbourg, mais dans le seul but d'échapper aux prohibitions de la loi française, en contractant un second mariage, et d'aliéner sa nouvelle condition aussitôt qu'elle serait acquise ; — que l'acquisition d'une qualité qui tient à l'état des personnes, conséquemment à l'ordre public, lorsqu'elle a lieu dans ces conditions, ne saurait, même avec l'autorisation maritale, constituer l'exercice légitime d'une faculté conférée par la loi ; qu'elle n'en serait que l'abus, et qu'à ce titre, elle ne pourrait faire obstacle à l'action en nullité que l'article 184 du Code civil ouvre contre le deuxième mariage, qui en aurait été la suite; — qu'il appartiendrait toujours à la justice de réprimer des entreprises également contraires aux bonnes mœurs et à la loi (1)..... »

Raisonnons un peu. Evidemment Mme la comtesse de Caraman-Chimay a demandé à être naturalisée pour obtenir le bénéfice de lois plus favorables. Mais (nous l'avons établi plus haut) elle avait, après tout, le droit

(1) Jugement du tribunal civil de la Seine du 10 mars 1876.

de changer de patrie : ce qu'elle a fait, elle pourait le faire.

Nous comprendrions encore l'allégation de fraude, si, (comme dans les espèces jusqu'ici soumises à l'appréciation des tribunaux), la princesse voulait devenir de nouveau Française, n'ayant ainsi emprunté une nationalité étrangère qu'à titre purement transitoire et momentané, pour se soustraire aux exigences d'une loi sous l'empire de laquelle elle reviendrait ensuite se placer. L'on pourrait plaider alors qu'elle a toujours eu l'intention de rester Française et que la naturalisation intermédiaire a été simplement un masque ou un déguisement temporaire.

Mais, Mme la princesse Bibesco ne se propose pas du tout de reprendre la nationalité française. Elle ne songe même pas à rentrer en France. Les scrupules du ministère public n'ont, à ce point de vue, aucune raison de se produire, et, si des ordres d'arrestation ont été donnés à la suite des réserves faites en première instance, (il faut tout prévoir), je ne sache pas qu'ils aient eu jamais l'occasion d'être appliqués.

Soyons donc sérieux.

La naturalisation de Mme la princesse Bibesco est un acte définitif et irrévocable dans sa pensée. Elle l'a confirmé par son nouveau mariage avec un prince étranger.

Où est donc la fraude ?

Est-ce que par hasard un désordre caché, facile à organiser, mais qui répugnait à la nature droite et loyale de la princesse, eût été préférable à un mariage honoré et respecté dans sa nouvelle patrie ? Car enfin, nous arrivons à une heure où il faut bien déchirer les voiles et poser toutes les questions. Cette observation a, du reste, été faite avec beaucoup de tact et d'à-propos, devant les premiers juges, par notre éminent confrère du barreau de Paris Mᵉ Lenté.

N'oublions pas, d'ailleurs, qu'en règle générale, suivant la judicieuse remarque d'un savant auteur (1), « la validité d'un acte s'apprécie, abstraction faite du motif par lequel il a été déterminé. Et, en effet, pour ne point sortir de la matière de la naturalisation, supposons qu'un Français du sexe masculin, majeur et n'ayant pas encore atteint l'âge de 25 ans, veuille se marier et que, ne pouvant obtenir le consentement de son père, il se fasse naturaliser dans un pays où les jeunes gens de 21 ans se marient librement ? Dirait-on que la naturalisation est nulle parce que dans l'espèce le jeune homme s'est proposé pour but final d'échapper à l'une des conditions que la loi française lui imposait pour se marier ? — Non certainement. Donc, la naturalisation d'une femme française séparée de corps n'est pas plus viciée par ce motif qu'elle tendrait seulement à rendre possible un divorce et un second mariage. En conséquence, cette naturalisation doit s'apprécier en elle-même, comme si elle eût été déterminée par le simple désir de changer de nationalité. — La question, ainsi dégagée des faits, devient une question abstraite et générale. » En quoi donc, nous le demandons encore, l'acte de naturalisation du 3 mai 1875 est-il entaché de fraude, légalement parlant ?

M. Labbé lui-même, dont la consultation est si nettement contraire à Mᵐᵉ la princesse Bibesco, ne paraît pas, du reste, avoir une confiance bien robuste dans cette idée de fraude et dans les précédents qu'il cite à l'appui de cette théorie : car voici comment il termine sur ce point : « Nous avons tenu, déclare-t-il (*Journal du*

(1) Voyez la *Revue du Notariat* et de l'enregistrement, année 1876, nᵒ 5116, p. 300.

droit international privé, pag. 421), à indiquer ce motif de nullité : mais nous estimons que le moyen tiré du défaut d'autorisation maritale est la base *la plus solide* d'une solution juridique. »

Revenons donc à ce dernier ordre d'idées, à propos duquel nous sommes en complet dissentiment avec M. J.-E. Labbé, et suivons l'éminent jurisconsulte sur le terrain des lois allemandes. Ceci nous amène au sixième et dernier argument.

6° M. J.-E. Labbé (p. 418 et 419) se place successivement à deux points de vue, au point de vue de la naturalisation obtenue dans l'Etat de Saxe-Altenbourg (p. 419), et au point de vue du mariage contracté ensuite par la princesse, à Berlin, avec M. le prince Georges Bibesco (p. 418).

En ce qui touche la naturalisation obtenue par Mme la princesse de Bauffremont, M. Labbé la déclare nulle et non avenue non-seulement devant les lois françaises, mais encore devant la loi allemande elle-même : « Il existe, dit-il, sur la matière de la naturalisation en Allemagne une loi du 1er juin 1870. — Faite pour la Confédération de l'Allemagne du Nord, cette loi a été déclarée applicable à tout l'empire allemand par une disposition additionnelle à la constitution du nouvel empire, loi du 16 avril 1871 (1). L'article 8 (cité *suprà*, n° 5) de la loi allemande du 1er juin 1870 restreint formellement le bénéfice de la naturalisation aux étrangers qui *sont capables de disposer de leur personne d'après les lois du pays auquel ils ont appartenu jusqu'alors*. S'ils ne jouissent pas de cette capacité, ils doivent se procurer l'assentiment de leur *père, tuteur ou curateur*.

(1) Voyez l'*Annuaire de législation étrangère*, t. I, année 1872, p. 183 et 263.

Or, Mme la princesse de Bauffremont n'avait pas la libre disposition de sa personne, d'après la loi française à laquelle elle avait appartenu jusqu'alors; elle devait se munir de l'autorisation de son mari ou de celle de la justice : elle ne l'a pas fait : donc la loi allemande ne reconnaît pas plus que la loi française la validité de cette naturalisation. »

Notre réponse est déjà faite à l'avance par les développements que nous avons présentés plus haut sous le n° 17 : nous ne voulons pas y revenir pour éviter les redites. Nous nous bornerons à soumettre ici une double observation.

D'une part, contrairement à l'opinion de M. Labbé, nous croyons avoir établi qu'une femme mariée à un Français est apte, une fois séparée de corps, à se faire naturaliser à l'étranger sans aucune autorisation préalable de son mari ou de la justice. Or, Mme la princesse de Bauffremont était précisément dans cette situation : donc elle était capable de disposer de sa personne librement au point de vue de la naturalisation : d'où il suit que l'acte passé par elle dans l'État de Saxe-Altenbourg se trouve parfaitement légitimé à la fois devant la loi française et devant la loi allemande.

D'autre part, nous ferons remarquer que l'art. 8 précité de la loi prussienne du 1 juin 1870 ne contient aucune exigence relativement à l'autorisation *maritale*. L'on peut tirer de ce mutisme (1) une nouvelle induction

(1) M. Bluntschli (p. 18) arrive à la solution que nous adoptons. Mais l'éminent jurisconsulte s'y rallie à l'aide d'un raisonnement un peu différent : « J'accepte, dit-il, pour acquis (contrairement à l'appréciation du professeur de Folleville) que les femmes mariées qui, d'après les lois de leur patrie, vivent sous la tutelle ou la dépendance de leurs maris, sont aussi comprises dans cette catégorie prévue par l'art. 8 ; car leur liberté d'action en général est limitée, non pas à cause de leur personne, mais bien à cause du lien conjugal, et

en faveur de notre doctrine, induction qui acquiert une grande force par sa combinaison avec les autres arguments. L'art. 8 parle, en effet, du père, du tuteur, du curateur, dont l'assentiment peut être prescrit : mais il ne fait aucune allusion au *mari* d'une femme séparée requérant pour elle-même la naturalisation.

Nous arrivons ainsi au second point de vue de notre savant contradicteur : nous voulons parler du mariage, contracté à Berlin, le 24 octobre 1875, par Mme la princesse séparée de Bauffremont avec M. le prince Georges Bibesco. — M. Labbé déclare également ce mariage nul et non avenu à la fois aux yeux de la loi française et aux yeux de la loi allemande. Son motif est que l'art. 734 du Code civil allemand (cité plus haut n° 5) ne s'occuperait pas des jugements de séparation de corps rendus à l'étranger : il ne s'occuperait que des jugements prononcés et des mariages célébrés en Prusse par les autorités de ce pays. Pour les séparations de corps prononcées hors du territoire allemand, il faudrait accepter la décision restrictive contenue dans une ordonnance du cabinet prussien en date du 17 août 1815 (voyez le texte *suprà*, n° 5) : cette ordonnance semble, en effet, restreindre l'application de l'art. 734 aux étrangers appartenant à la religion évangélique, c'est-à-dire aux protestants, et encore à la condition qu'ils viennent s'établir dans les Etats prussiens. Mme la princesse de Bauffremont, dit M. Labbé, ne semble être fondée à invoquer,

parce que, pour elles aussi, l'incapacité cesse par le fait de l'assentiment ou de l'intervention du mari. L'analogie de leur cas avec le cas des mineurs est évidente. Mais cela s'applique seulement aux femmes qui vivent dans la *communauté conjugale avec leur mari*, et non pas aux femmes séparées de corps, sur lesquelles le mari n'exerce plus aucune tutelle ni ne *possède plus* aucun *pouvoir personnel* ; leur liberté d'action ne soulève aucun doute. Toutes ces données reposent sur le *droit naturel*. »

« ni l'article 734 du Code civil de Prusse, parce que son mariage et sa séparation se sont accomplis en France, sous l'empire de la loi française, ni l'ordonnance du 17 août 1815, parce qu'elle n'appartient pas à la religion évangélique, et peut-être aussi parce qu'elle n'a pas fixé son domicile en Prusse. »

L'objection est certainement spécieuse : mais elle nous paraît toutefois susceptible d'une réfutation victorieuse (1).

(1) M. Bluntschli (p. 13), s'est également élevé avec force contre cette manière de raisonner de M. Labbé : « La législation allemande, dit-il, (et surtout la législation prussienne) a résolûment adopté l'institution civile du mariage conformément aux idées modernes; elle admet le divorce et assure aux époux divorcés la liberté de se remarier. *Le Preussische Landrecht* aborda cette voie avec la plus grande énergie, en stipulant (II, I § 734) que la séparation de corps judiciairement prononcée a tous les effets du divorce, et que les époux ainsi séparés peuvent contracter un autre mariage.

» La supposition du professeur *Labbé*, que le *Preussische Landrecht* ne s'applique qu'aux mariages entre catholiques séparés en Prusse, *est inexacte*. Cette loi assimile toujours, sans distinction, dans toute l'étendue de la juridiction prussienne, la séparation de corps au divorce et maintient le droit des époux de se remarier.

» L'ordonnance royale du 17 août 1815, décidant que les époux luthériens séparés de corps dans un pays qui n'admet pas le divorce, s'ils s'établissent en Prusse, doivent être considérés comme divorcés, n'est pas, comme le croit à tort le professeur *de Folleville*, en contradiction avec l'article précité du *Preussische Landrecht*; mais elle en est, comme le dit expressément l'ordonnance dans l'exposé des motifs, un plus large *développement* (Erweiterung). L'article du *Landrecht* mentionnait seulement les catholiques séparés et nom les *protestants*. Cela s'explique par ce fait que le divorce était partout établi dans les pays protestants, et que l'on n'y connaissait pas du tout la séparation de corps et de biens. Une mesure protectrice en faveur du droit des protestants de se remarier semblait donc inutile au législateur du *Preussische Landrecht*. Mais il se présentait des cas où des protestants à l'étranger se trouvaient dans la même position que les catholiques. A l'étranger, ils pouvaient obtenir la séparation de corps, et non le divorce. Ces époux protestants pouvaient-ils invoquer le *Preussische Landrecht*, qui ne parlait que des époux catholiques? L'ordonnance royale trancha cette question dans le sens de l'affirmative, à la condition que les intéressés eussent leur domicile en Prusse. »

Nous commencerons par écarter de la discussion l'ordonnance du 17 août 1815. Cette ordonnance *déjà ancienne* du cabinet prussien ne peut certes pas avoir force de loi contre les termes formels de l'art 734 précité : ce texte est général et ne distingue pas : « Si une séparation constante de table et de lit a été judiciairement prononcée *entre époux catholiques*, elle a tous les effets civils d'un divorce. » Cet article 734 dit « *entre époux catholiques*, » sans examiner à quelle nation appartiennent ces époux, ni en quel lieu la séparation de corps aurait pu être prononcée, en Allemagne ou en pays étranger. Or, c'est surtout pour les étrangers, appartenant à un pays qui n'admet pas le divorce, que l'art. 734 présente une utilité réelle ; car, pour les époux habitant des pays dont les lois consacrent l'institution du divorce, il sera très-rarement question d'invoquer plus tard, en Allemagne, l'assimilation offerte par le *Landrecht* : le divorce aura été prononcé à l'avance, et tout sera terminé. L'art. 734 une fois restreint, dans son application, aux Allemands d'origine et aux individus naturalisés Allemands, serait presque une lettre morte dans la pratique.

Ce ne serait pas, d'ailleurs, la première fois qu'une ordonnance serait tombée en désuétude (1) et aurait été repoussée par la doctrine, comme étant en contradiction flagrante avec le droit promulgué. Nous en avons cité un exemple, dans notre traité de la *possession des meubles et des titres au porteur*, sous l'empire même des lois françaises. Nous voulons parler de la décision ministérielle du 3 août 1825 : il s'agissait de l'application des règles de l'occupation : une dame Lancesseur avait trouvé une montre en or au mois d'octobre

(1) Voyez toutefois M. Bluntschli, p. 15 et 16 ; ajoutez la note annexée à la page précédente de notre étude (p. 50).

1821 et en avait effectué le dépôt conformément aux règlements de police : en 1825, cette dame demandait à en être reconnue propriétaire par voie d'occupation ; le ministre des finances a décidé, le 3 août 1825, par application de l'art. 2279, al. 2 du Code civil, que, trois ans s'étant écoulés sans que personne fût venu réclamer ladite montre, le prix en était définitivement acquis à l'inventeur. Les jurisconsultes se sont unanimement élevés contre l'autorité de cette décision ministérielle : ils ont démontré qu'elle était contraire à la fois à l'art. 2279, al. 2, et aux règles les plus certaines de notre législation française. Aujourd'hui l'on s'accorde à décider que l'inventeur ne peut devenir propriétaire des objets par lui trouvés et non réclamés, qu'au bout de trente ans révolus. L'ordonnance précitée du ministre des finances de France a perdu tout crédit dans la théorie et dans la jurisprudence. Nous ne serions pas bien étonné que pareille aventure fût arrivée à la fameuse ordonnance du cabinet prussien du 17 août 1815 que M. Labbé met en avant à tort pour limiter la portée et corriger le texte de l'art. 734 du Code civil allemand (1). L'unanimité avec laquelle les journaux étrangers et spécialement les correspondances allemandes approuvent la conduite de l'officier public de Berlin, qui a célébré le mariage de Mme la princesse de Bauffremont avec M. le prince Georges Bibesco, constitue déjà un précédent international favorable à l'appui de notre supposition.

Une autre considération achèvera d'en démontrer la vérité pratique. L'on sait qu'après l'annexion de l'Alsace et de la Lorraine, une loi allemande du 27 novembre 1873 a abrogé, dans ces pays, l'ancienne loi française du 8 mai 1816 et rétabli purement et simplement le

(1) M. Bluntschli (p. 15 et 16) a donné des explications complètes, sur la portée de ce texte, dans notre sens.

divorce (*Annuaire de législation étrangère*, t. III, année 1874, pag. 559 et 560). Or, les articles 2 et 3 de cette loi ont étendu la faculté du divorce aux faits antérieurs à l'annexion et aux individus simplement séparés de corps *antérieurement* à la promulgation de la nouvelle loi, consacrant ainsi manifestement la *généralité* d'application du fameux article 734 du *Landrecht* allemand : « Les faits, dit la loi allemande du 27 novembre 1873, art. 2, qui, d'après les prescriptions du Code civil, autorisent une demande de divorce, peuvent également avoir cet effet, alors même qu'ils seraient *antérieurs* à la promulgation de la présente loi. » Puis l'article 3 ajoute : « Ceux qui, sous l'empire de la loi du 8 mai 1816, ont obtenu la séparation de corps, peuvent, en se fondant sur la décision obtenue, demander le divorce par une procédure régulière, pourvu qu'aucune réconciliation ne soit intervenue. — Dans les instances pendantes, la demande en séparation de corps peut être changée en une demande de divorce : la procédure n'en sera pas modifiée. » Tous ces principes semblent bien écarter la possibilité d'une interprétation restrictive de l'art. 734 du *Landrecht* allemand (1).

19. Nous croyons utile, en terminant cette discussion du système si habilement présenté par M. Labbé, d'appeler l'attention de notre savant contradicteur sur une conséquence véritablement excessive de sa doctrine. Si la théorie par lui proposée est vraie, Mme la princesse de Bauffremont serait à la fois adultère et bigame, c'est-à-dire deux fois justiciable des tribunaux répressifs. M. le colonel de Bauffremont aurait le droit d'agir par lui-même au mieux de ses intérêts, à l'aide de l'action privée, et aussi de provoquer la mise en mou-

(1) C'est là, d'ailleurs, ce que démontre clairement M. Bluntschli (*De la naturalisation en Allemagne*), page 15 à 20 (extrait de la *Revue pratique* de droit français, année 1876).

vement de l'action du ministère public, par une plainte motivée, le cas échéant : (cette plainte aurait même été déposée au parquet de la Seine, d'après les renseignements qui nous sont fournis).

Eh bien! laissons, pour un instant, de côté, l'affaire de Bauffremont, et faisons une simple hypothèse, dont la réalisation ne serait certainement pas impossible peut-être dans une autre instance. Supposons qu'un mari, placé dans de semblables conditions, et fatigué de son célibat forcé, vînt à installer publiquement et notoirement dans sa propre maison une concubine : aucun reproche *légal* ne pourrait lui être adressé (art. 339 du Code pénal) ; car il n'y aurait plus de maison conjugale, ce mari ayant été atteint par un jugement de séparation de corps.

Pendant ce temps, sa femme, naturalisée sans son autorisation, dans un pays qui assimile la séparation de corps, au point de vue de ses effets, à un véritable divorce, s'est remariée officiellement : elle est devenue l'épouse légitime d'un galant homme, lequel, étranger d'origine, l'a acceptée sous la protection de ses lois nationales, devant l'officier de l'état civil et devant les prêtres de son pays.

Une fois mariés, les deux nouveaux époux viennent en France : et voilà que le premier mari, vivant dans un concubinage public, va pouvoir mettre en mouvement les autorités françaises, pour constater le prétendu flagrant délit. Il va pouvoir, en invoquant les art. 336 à 338 du Code pénal, poursuivre la femme comme convaincue d'adultère, et la faire condamner avec son second mari comme complice, à l'emprisonnement et à l'amende! En effet, si l'adultère du mari séparé de corps n'est plus punissable après la séparation (art. 339 Cod. pén.), l'adultère de la femme reste, au contraire, toujours soumis à la répression de l'art. 336 du Code pénal (1).

Est-ce que cependant un pareil résultat n'est pas choquant et immoral au premier chef? Comment! le premier mari, qui n'a pas su évidemment remplir ses devoirs, puisqu'il a été atteint par un arrêt de la justice, qui vit actuellement dans un désordre connu de tous, va pouvoir ainsi obtenir main-forte des autorités françaises! Il va être admis à traduire en justice, en l'accusant d'adultère, une femme qui est allée demander un asile à un pays étranger, où elle a trouvé le repos et le respect, et où elle est proclamée *officiellement* femme légitime! Le second mari sera traduit à côté de cette femme, qui est la sienne après tout aux yeux de sa loi nationale, sur les bancs de la police correctionnelle, comme complice d'adultère! Le concubinage légalement toléré et sans répression possible en France (art. 338 du Code pénal), vu l'absence de domicile conjugal, va donc pouvoir ainsi s'attaquer, avec des chances de succès, au mariage légitime, officiellement contracté à l'étranger! C'est manifestement monstrueux; et cependant ce résultat serait inévitable, *et le cas pourrait se présenter dans une autre affaire peut-être*, si le système contraire au nôtre devait triompher en matière de naturalisation.

Cette extrémité véritablement excessive nous a surtout préoccupé dans les efforts que nous avons faits pour combattre la doctrine rigoureuse, refusant à la femme séparée de corps le droit de se faire naturaliser à l'étranger, sans l'autorisation de son mari ou de la justice, alors que le mari est entièrement libre, soit avant, soit après la séparation, de procéder à son profit à cette

(1) Comparez M. Demolombe et les autorités qu'il rapporte, dans son *Cours de Code civil*, t. IV, n° 500.

même naturalisation. Il faut prendre garde de mériter l'application d'une réflexion soumise par un éminent jurisconsulte étranger, dans la *Revue de droit international et de législation comparée*, t. IV, année 1872, p. 353 : « Le législateur français n'a point le monopole des lois morales, et il est toujours délicat de vouloir décider arbitrairement quelles sont les règles du droit naturel, devant lesquelles tous les peuples devront s'incliner. Le mieux est de maintenir le respect dû aux législations étrangères, statuant sur l'état et la capacité des personnes soumises à leur souveraineté. »

20. Notre conclusion sera donc en faveur du système présenté déjà, en 1845, par M. Blondeau. Nous tenons pour certains, (tout en reconnaissant les sérieuses controverses que peuvent soulever ces sortes de questions), les deux points suivants :

1° Mme la princesse de Bauffremont a pu *légalement*, soit au point de vue allemand, soit au point de vue français, se faire naturaliser Allemande, sans l'autorisation de son mari ou de la justice, après sa séparation de corps prononcée en France.

2° L'officier public de Berlin a agi correctement, en célébrant, à la date du 24 octobre 1875, le second mariage de Mme la princesse de Bauffremont avec M. le prince Georges Bibesco. Ce second mariage est parfaitement valable *devant la loi allemande :* il ne l'est pas moins *devant la loi française*, à cause du statut personnel nouveau dont Mme la princesse Georges Bibesco peut désormais invoquer l'application comme femme naturalisée Allemande (1).

Toutefois, il ne faut pas oublier qu'en définitive, il s'agit ici de questions fort graves, tout à fait neuves en

(1) Argument de l'art. 3, al. 3 du Code civil. Comparez les autorités rapportées par M. Demolombe, t. I, nos 97 à 102.

doctrine comme en jurisprudence et essentiellement susceptibles de se prêter aux avis les plus divers, dans le domaine du *Droit* qui est ici exclusivement le nôtre.

La Cour d'appel de Paris et la Cour de cassation vont être successivement saisies de la difficulté. Il est permis de regretter le laconisme des textes dans de semblables matières. En présence d'une situation si douloureuse et de débats si regrettables, l'on ne saurait se défendre d'un profond sentiment de tristesse. Nous eussions désiré supprimer les noms des parties dans cette étude : cela était impossible, à cause des documents diplomatiques à citer et de la nature des faits à apprécier : ces noms d'ailleurs ont été déjà renvoyés à tous les échos de la publicité. Du moins, nous avons essayé de nous maintenir dans la région élevée des principes, en nous abstenant de tout ce qui pouvait, de près ou de loin, ressembler à une critique, toujours déplacée, de la conduite des personnes. Plus d'une fois, en venant, après M. Blondeau, soutenir la doctrine la plus juridique sur ce sujet, nous nous sommes rappelé la judicieuse réflexion d'un vieil auteur, D'Argentré, dans une circonstance analogue : « *Ætati nostræ irascendum, quæ, cùm tàm magnos jurisconsultos per omnes dignitatum gradus evexerit, nulli tamen in mentem venerit, quod unico verbo fieri poterat, lege dissidium judicantium componere.* » Quelle mine inépuisable de réformes et d'améliorations nos lois civiles ouvriraient aux députés de l'avenir, désireux de faire un peu moins de politique et un peu plus de législation rationnelle et usuelle !

Nous arrivons maintenant à la *question de compétence* qui formera l'objet de la seconde partie.

DEUXIÈME PARTIE

De l'incompétence des tribunaux français à propos de la naturalisation obtenue et du mariage contracté ensuite en Allemagne par Mme la comtesse de Caraman-Chimay, princesse séparée de Bauffremont.

21. Les tribunaux français nous paraissent être *incompétents* dans l'affaire pendante entre M. le prince de Bauffremont et Mme la princesse Bibesco à un double point de vue :

1° D'une manière absolue, à raison de la matière, (*ratione materiæ*), en tant qu'il s'agirait d'apprécier et de discuter la valeur intrinsèque de l'acte de naturalisation passé en Allemagne;

2° D'une manière relative, au double point de vue du lieu et des personnes (*ratione loci* et *ratione personarum*), en tant qu'il s'agirait d'apprécier le second mariage de la princesse et d'en prononcer la nullité ou la validité.

22. Les deux actes, — la naturalisation et le mariage, — se tiennent par un lien indissoluble et sont indivisibles.

L'acte dominant, c'est l'acte de naturalisation : il réfléchit inévitablement sur l'acte de mariage, lequel est, en droit comme en fait, le corollaire et la conséquence du premier (1). Aussi c'est avec un profond étonnement que nous avons vu les premiers juges statuer d'abord sur le mariage et subsidiairement sur

(1) Voyez plus haut, l'avant-propos de la première édition, p. VI. — Comparez tous les travaux publiés sur le sujet; l'accord est unanime sur ce point.

la naturalisation, mettant ainsi, suivant un proverbe vulgaire, la charrue avant les bœufs.

23. Voici du reste les termes de ce jugement du tribunal civil de la Seine, rendu à la date du 10 mars 1876, et actuellement frappé d'appel (1). Il importe d'en connaître tout d'abord exactement les termes.

Conformément aux conclusions du ministère public, le Tribunal a rendu le jugement suivant :

« Le Tribunal,

» *Sur la compétence :*

» Attendu que la demande du prince de Bauffremont a pour objet de faire déclarer nuls le mariage que la princesse de Bauffremont a contracté avec le prince Georges Bibesco devant l'officier de l'état civil de Berlin, à la date du 24 octobre 1875, ensemble l'acte de naturalisation du 3 mai précédent, qui lui a conféré la nationalité de l'Etat de Saxe-Altenbourg;

» Qu'à l'appui de cette demande, le prince de Bauffremont soutient que la défenderesse, bien que séparée de corps, n'a pu, sans l'autorisation maritale, abdiquer valablement la nationalité française qu'elle tenait de son mariage, et que dès lors l'union contractée par elle le 24 octobre 1875 l'a été au mépris de l'art. 147 du Code civil, qui interdit de convoler à de secondes noces, tant que les premières subsistent;

» Attendu que, pour statuer sur l'action ainsi introduite, le Tribunal n'a pas à décider que les actes, dont la nullité est poursuivie, demeureront valables ou seront désormais sans effet dans l'étendue des territoires qui échapperaient à la souveraineté française;

» Qu'il n'a même pas à examiner quelle peut être

(1) Voyez le *Droit* des 26 février, 4 et 11 mars 1876; comparez la *Gazette des Tribunaux* des 23 février, 4 et 10 mars 1876.

leur valeur intrinsèque au regard de la loi étrangère sous l'empire de laquelle ils sont intervenus;

» Qu'il a seulement à rechercher et qu'il lui appartient de dire si les actes dont il s'agit ont été ou non *accomplis* en violation de la loi française, et pour faire échec à des droits qu'elle protége, et s'ils doivent ou non produire effet là où cette loi conserve toute sa puissance et s'impose au respect de tous;

» *Au fond :*

» Attendu que, pendant le mariage, la femme n'a pas capacité pour consentir, sans l'autorisation de son mari, des actes qui seraient de nature à engager son patrimoine;

» Qu'à plus forte raison elle ne saurait, sans cette autorisation, modifier son état civil ou sa nationalité;

» Que, sous ce dernier rapport, sa condition est fixée par la loi elle-même qui, dans le cas où elle est étrangère avant le mariage, lui attribue de plein droit la qualité de Française;

» Que la loi, en déterminant ainsi la nationalité de la femme, aussi bien qu'en la soumettant au pouvoir marital, pour les actes de la vie civile, a eu principalement en vue de maintenir l'autorité du mari, chef de la famille en même temps que de l'association conjugale;

» Que dès lors, la nécessité de l'autorisation maritale procède du mariage et qu'elle s'impose à la femme tant que le mariage n'est pas dissous;

» Attendu que la séparation de corps et de biens a pour effet de relâcher le lien conjugal sans le rompre;

» Que, maintenant le mariage, elle maintient le principe de l'autorité maritale, et qu'elle ne relève la femme de son incapacité que dans la mesure étroite que la loi détermine;

» Qu'en ce qui concerne plus spécialement les obligations personnelles que le mariage lui impose, la femme demeure astreinte au devoir de fidélité, dans les mêmes conditions et sous les mêmes sanctions ;

» Que si, le devoir de cohabitation ayant cessé, elle peut se choisir seule un domicile séparé, elle ne saurait exercer ce droit que tout autant qu'il ne porterait aucune atteinte à sa nationalité ;

» Que spécialement elle ne pourrait pas faire un établissement en pays étranger sans esprit de retour, en dehors de l'autorisation maritale, et répudier ainsi la qualité de Française, suivant l'art. 17 du Code civil ;

» Attendu que, de ce qui précède, il résulte que la princesse de Bauffremont n'a point pu valablement acquérir, à défaut de l'autorisation de son mari, la nationalité de l'Etat de Saxe-Altenbourg, et qu'elle était encore Française, lors de son mariage contracté par elle le 24 octobre 1875 ;

» Attendu que, sous un autre rapport, la défenderesse a sollicité et obtenu cette nationalité, non pas pour exercer les droits et accomplir les devoirs qui en découlaient, en établissant son domicile dans l'Etat de Saxe-Altenbourg, mais dans le seul but d'échapper aux prohibitions de la loi française en contractant un second mariage, et d'aliéner sa nouvelle condition aussitôt qu'elle l'aurait acquise ;

» Que l'acquisition d'une qualité qui tient à l'état des personnes et conséquemment à l'ordre public, lorsqu'elle a lieu dans ces conditions, ne saurait, même avec l'autorisation maritale, constituer l'exercice légitime d'une faculté conférée par la loi ;

» Qu'elle n'en serait que l'abus, et qu'à ce titre elle ne pourrait point faire obstacle à l'action en nullité que l'article 184 du Code civil ouvre contre le second mariage qui en aurait été la suite;

» Qu'il appartiendrait toujours à la justice de réprimer des entreprises également contraires aux bonnes mœurs et à la loi;

» Par ces motifs :

» Se déclare compétent et statuant au fond;

» Déclare nul et de nul effet le mariage contracté par la princesse de Bauffremont devant l'officier de l'état civil de Berlin, le 24 octobre 1875, ensemble l'acte de naturalisation du 3 mai précédent, qui lui confère la nationalité de l'Etat de Saxe-Altenbourg;

» Fait défense à la princesse de Bauffremont de se qualifier à l'avenir de princesse Bibesco;

» Donne acte au prince de Bauffremont de ses réserves aux fins de poursuites criminelles et correctionnelles, à raison des actes dont la nullité est prononcée;

» Et condamne la princesse de Bauffremont en tous les dépens (1). »

24. Ce jugement contient, nous le disons respectueusement, une véritable hérésie, au point de vue du droit international, dont il écarte les principes les mieux assis. Il formule un dispositif pratiquement inexécutable. Il renferme des pétitions de principes manifestes; il a enfin le défaut de ne répondre à aucune des objections qui ont été présentées à la barre du tribunal et que nous avons nous-même développées dans notre consultation. Cette affirmation deviendra surtout sensible lorsque, reprenant à la fin de ce travail, la décision des premiers juges, nous placerons, sous chaque considérant, le renvoi à la réfutation anticipée qui en avait été faite.

(1) M. Aubépin, Président. — Ministère public, M. Lefebvre de Viefville. — *Avocats* : MM^es Lenté et Bétolaud.

25. Entrons maintenant dans l'examen de la question de compétence, en nous plaçant successivement au point de vue de la naturalisation et au point de vue du mariage.

CHAPITRE PREMIER.

Incompétence du tribunal civil de la Seine et de la Cour d'appel de Paris, quant à l'appréciation de la naturalisation obtenue, en Allemagne, par Mme la comtesse de Caraman-Chimay.

26. Avant de prononcer la nullité d'un acte, le tribunal, saisi du litige, doit toujours examiner la question de savoir s'il est compétent pour en connaître. Or l'incompétence du tribunal civil de la Seine et plus généralement des tribunaux français est, dans l'espèce actuelle, absolue : elle s'impose *ratione materiæ*, à raison de la nature même de l'acte.

Qu'est-ce, en effet, que la naturalisation ? — C'est la réception d'une personne étrangère dans la communauté et la dépendance sociale et politique d'un Etat.

C'est un acte juridique de Droit public dont la validité ne peut être appréciée que par les autorités de la nouvelle patrie.

Toute ingérence, en pareille matière, d'un gouvernement étranger constituerait une atteinte au principe de la souveraineté interne des Etats.

M. Bluntschli, (page 7), dit fort judicieusement : « Chaque gouvernement a le droit d'établir les conditions sous lesquelles il entend concéder sa nationalité aux étrangers...... Par conséquent, ce sont les autorités de l'Etat accordant la naturalisation en vertu de son droit souverain, qui ont seuls à con-

» naître des effets de cette naturalisation (1). »

27. Le point de départ de notre argumentation est, du reste, inébranlable. Le monde civilisé est divisé en nations ou en groupes. Ces nations sont juridiquement égales entre elles, elles sont autonomes, et elles ont chacune la même souveraineté interne dans les limites de leur territoire respectif.

Parfois il arrive que, par le hasard des événements, des empiètements se produisent de la part de tel ou tel gouvernement sur la souveraineté de tel ou tel autre.

De là des conflits regrettables qui, en l'absence d'un tribunal international, ne peuvent trouver d'issues que dans une conciliation par la voie diplomatique ou dans une déclaration de guerre, remettant à la force des armes la solution de la difficulté.

28. Les nations sont des collections ou des aggrégations d'individus que la communauté des races, la similitude des intérêts, ou la conquête, ont réunis et groupés sous un même gouvernement.

Mais, chacun de ces individus peut, par son libre choix et au gré de son caprice, se séparer de la nation à laquelle il appartenait tout d'abord : il peut renoncer à sa patrie, pour en adopter une autre. La loi française notamment ne soumet, au point de vue du droit international, à la nécessité d'aucune autorisation, le Français qui veut quitter son pays : « attendu, dit un arrêt de la Cour de Colmar, que, poussant jusqu'aux limites extrêmes le respect absolu du libre arbitre, la législation de la France n'impose aucun lien forcé aux nationaux qui seraient tentés d'abdi-

(1) Ce principe, d'après lequel la naturalisation est un acte de droit public et de souveraineté interne, est admis par tous les auteurs sans exception, notamment par MM. Calvo, Pasquale Fiore, Vattel, de Holtzendorff, Bluntschli, etc.

quer la mère patrie,..... » (Colmar 17 mai 1868, Sir. Dev. 1868-2-245 à 248 avec les annotations et les renvois.)

Et, en effet, l'article 17 alinéa 1er du Code civil dit expressément : « La qualité de Français se perdra : 1° *par la naturalisation acquise en pays étranger.* »

Le Code ne distingue pas si cette naturalisation a été ou n'a pas été autorisée en France. Dans tous les cas, le simple fait d'avoir acquis une nationalité étrangère suffit pour que l'effet se produise invinciblement et que l'on cesse aussitôt d'être Français.

En dernière analyse, le droit des gens et le Code civil français s'accordent à proclamer la liberté de l'émigration et la liberté de la naturalisation, comme une conséquence forcée de la liberté individuelle des citoyens et de l'indépendance réciproque des Etats.

29. D'un autre côté, la nouvelle patrie qui a accepté, au nombre de ses nationaux, un membre jusque-là étranger, lui doit exactement la même protection qu'aux regnicoles.

L'identité de situation des indigènes et des individus naturalisés est un principe incontesté en droit international privé et public.

30. Le devoir de protection d'un Etat à l'égard du citoyen naturalisé devient surtout impérieux, si ce citoyen est recherché *précisément pour s'être affilié à une nouvelle patrie.* Il est alors, en effet, de toute évidence que si le grief est adressé, *en la forme,* à l'individu poursuivi alors devant les tribunaux de son ancien pays, la provocation s'adresse, *au fond,* au gouvernement auteur de la naturalisation, gouvernement dont on conteste un acte souverain, en lui déniant le droit d'admettre tel ou tel individu au nombre de ses nationaux.

Dès que l'acte qui aggrége un étranger à une nouvelle patrie est régulier en la forme et en harmonie avec les lois constitutionnelles de l'Etat naturalisant, (or cet Etat peut seul être juge de ces points), l'ancienne patrie ne peut que s'incliner devant le fait accompli.

Un gouvernement peut bien apporter des entraves à l'émigration et se constituer le juge des questions de *perte* de nationalité : mais jamais il ne peut se constituer le juge d'une acquisition de nationalité nouvelle. Or précisément, ne l'oublions pas, l'article 17 alinéa 1er du Code civil français se désintéresse entièrement de tout examen relatif à la perte de la qualité de Français.

Nul ne peut être, en même temps, Français et étranger. Quiconque a acquis une nationalité étrangère n'est plus Français. Notre loi nationale a bien compris qu'elle ne devait pas s'opposer à la liberté humaine, généralement reconnue à chacun, d'échapper à l'empire d'une loi qu'il juge oppressive pour ses intérêts; « Du moment, dit M. de Holtzendorff, (page 18), où une personne a acquis la nationalité d'un autre pays, c'est exclusivement d'après les lois de sa nouvelle patrie qu'elle doit être jugée. Les lois et les tribunaux de sa patrie d'origine, au moins en ce qui concerne sa capacité pour les faits juridiques, n'ont aucun droit sur elle, si elle se trouve de passage dans son pays primitif, sans en acquérir de nouveau la nationalité. »

31. L'on ne saurait admettre, en effet, que l'ancienne patrie ait le droit de critiquer les formes à l'aide desquelles l'individu, qui lui appartenait, a été introduit dans une autre communauté : car alors il y aurait une ingérence manifeste dans l'exercice de la souveraineté interne de cette communauté et une

atteinte incontestable au principe d'autonomie d'un gouvernement voisin.

32. Nous ne saurions admettre davantage que l'ancienne patrie puisse, même sur son propre territoire, rechercher et poursuivre l'individu naturalisé, pour le faire rentrer de vive force dans la communauté première dont il se serait volontairement retranché par un acte de sa libre initiative : car la nouvelle patrie d'adoption, choisie par cet individu, serait parfaitement fondée à considérer cette recherche et cette poursuite comme une violence exercée arbitrairement et sans droit sur l'un de ses nationaux. Elle ne pourrait même pas refuser son concours et sa protection à l'individu ainsi naturalisé, sans manquer au devoir essentiel de toute nation envers ses membres, devoir consistant à les défendre contre toute aggression injuste venant de l'étranger.

33. Si ces principes sont exacts, (et ils sont affirmés par tous les auteurs), voici la conséquence : c'est que les recherches et les poursuites dirigées par l'ancienne patrie ayant le caractère d'un attentat contre une souveraineté étrangère autonome et juridiquement égale, un conflit serait nécessairement soulevé et ne pourrait être vidé que comme se vident les conflits de ce genre, c'est-à-dire par la voie amiable ou diplomatique ou par la guerre.

34. N'oublions pas que l'acte de naturalisation, obtenu le 3 mai 1875, par Mme la comtesse de Caraman-Chimay, est un acte essentiellement de droit public, émanant de l'initiative d'une souveraineté étrangère agissant dans la plénitude de son indépendance.

La forme, au surplus, dans laquelle l'acte a été passé, l'indique suffisamment : c'est l'autorité du pays de Saxe-Altenbourg qui a délivré cet acte au nom de la communauté tout entière. De même en France, c'est, aux termes de la loi du 29 juin 1867, un décret du chef de l'Etat, rendu sur le rapport du ministre de la justice, qui proclame solennellement, au nom du pays, la naturalisation d'un étranger, favorablement admis, sur sa demande, dans la communauté française (art. 1er, dernier alinéa de la loi du 29 juin 1867).

Est-ce que sérieusement, l'on voudrait admettre la possibilité de l'annulation d'un semblable décret, par un tribunal allemand, belge, anglais ou italien? Est-ce que le sentiment national ne se soulèverait pas, avec tous les principes du droit, contre une semblable ingérence mettant en question un acte de souveraineté interne?

Or c'est là précisément ce que le tribunal civil de la Seine a fait ou voulu faire, dans sa décision du 10 mars 1876, vis-à-vis des autorités de Saxe-Altenbourg.

35. En vain le tribunal essaye-t-il de distinguer entre les effets, en France, et les effets, en Allemagne, de la naturalisation obtenue par Mme la comtesse de Caraman-Chimay. L'état des personnes est indivisible, et le tribunal ne peut pas plus le diviser qu'il ne peut se constituer le juge d'une naturalisation accordée par un acte souverain du gouvernement. Voici donc notre conclusion sur cette première partie de l'argumentation. L'acte du 3 mai 1875 est régulier en la forme : il a été accompli suivant les lois constitutionnelles de l'Etat de Saxe-Altenbourg; il est reconnu et accepté par les autorités allemandes, comme naturalisation allemande. Il en résulte que la princesse, ainsi naturalisée, a perdu la nationalité française (art. 17, al. 1er), puisqu'elle a acquis la naturalisation en pays étranger.

Il y a là un fait accompli qui s'impose au respect

de tous et sur la valeur duquel seront, le cas échéant, exclusivement compétentes, les autorités gouvernementales de l'Etat de Saxe-Altenbourg ou celles de l'Empire allemand.

Le principe de la souveraineté respective des Etats et la règle de la séparation des pouvoirs imposent cette solution.

36. Maintenant que nous avons établi la validité de l'acte *en la forme* et l'incompétence des tribunaux français pour apprécier ce point, nous allons rechercher si, *au fond*, les tribunaux français peuvent être régulièrement saisis des critiques de M. le prince de Bauffremont.

Nous nous proposons d'établir que la question du fond ne peut, pas plus que la question de forme, être soumise aux tribunaux français. Il y a ici incompétence *ratione materiæ*.

Il nous paraît même certain que les tribunaux allemands ne seraient pas davantage compétents.

M. le prince de Bauffremont doit être renvoyé, purement et simplement, à se pourvoir, par la voie gracieuse, devant le souverain de Saxe-Altenbourg et devant les autorités allemandes, pour faire rapporter l'acte de naturalisation.

Ces affirmations peuvent être victorieusement établies, non-seulement avec les principes généraux du droit international, mais encore avec la pratique même constante de la jurisprudence française.

37. Au point de vue des principes d'abord, quelle pourrait être la mission des tribunaux? Ils seraient invités à rechercher si l'acte de naturalisation du 3 mai 1875 a été accompli conformément aux exigences de la loi. Ils devraient dès lors examiner si les autorités de l'Etat de Saxe-Altenbourg ont respecté à la

fois les dispositions de la loi française et celles de la loi allemande. Ils seraient, par suite, amenés à dire si le gouvernement de Saxe-Altenbourg a ou n'a pas excédé les pouvoirs que la nation lui avait délégués. Or, ce faisant, le tribunal civil de la Seine s'ingèrerait de la manière la plus directe dans la souveraineté interne d'un Etat allemand. L'on ne peut pas admettre que le gouvernement de Saxe-Altenbourg puisse être traduit, directement ou indirectement, à la barre du tribunal civil de la Seine, pour un acte relevant de sa *souveraineté interne.* Nous proclamons donc l'incompétence du tribunal civil de la Seine, à cause du principe de la souveraineté et de l'autonomie des Etats.

Les tribunaux allemands sont également incompétents à raison du principe de la séparation des pouvoirs, et parce qu'ils ne peuvent pas être constitués les juges d'un acte politique et gouvernemental. Ils peuvent sans doute dire, s'il est ou non, en la forme, en harmonie avec les lois du pays; mais ils ne peuvent pas être constitués les juges du mérite intrinsèque de l'acte. C'est le pouvoir exécutif qui, seul, a qualité pour accorder la naturalisation à un émigrant étranger, suivant les intérêts du pays.

M. le prince de Bauffremont ne peut donc pas attaquer l'acte de naturalisation du 3 mai 1875, en justice, même devant les tribunaux allemands, (à moins toutefois que, dans ce dernier cas, il ne relève un vice de forme) : car la naturalisation, étant un pur acte de souveraineté interne et politique, ne peut pas être *judiciairement* rescindée, même en Allemagne. Cet acte ne peut être attaqué en France, ni en la forme, ni au fond.

M. le prince de Bauffremont devra prendre une toute autre voie : il devra s'adresser à l'autorité de

Saxe-Altenbourg et demander à la puissance publique de ce pays de rapporter, s'il y a lieu, l'acte de naturalisation : ce que la puissance publique a fait, elle peut le défaire. Mais il n'y a pas, à notre avis du moins, d'autre recours possible.

38. La jurisprudence des tribunaux français mène directement à cette déclaration d'incompétence.

Le conseil d'Etat, dans un arrêt du 28 mars 1866 (Sir. Dev. 1866-2-99 à 102), s'est déclaré incompétent pour apprécier, *au fond*, un décret impérial régulier *en la forme* qui conférait des titres de noblesse : (affaire de Montmorency-Luxembourg et autres, contre de Talleyrand-Périgord). Le conseil d'Etat a déclaré, avec raison, que les collations de titres de noblesse sont des actes relevant de la prérogative du chef de l'Etat et de son autorité souveraine, actes qui ne peuvent point, dès lors, être attaqués par la voie contentieuse.

Or, la naturalisation, c'est-à-dire l'aggrégation d'un étranger à une certaine communauté ou à une certaine nation, émane bien plus directement encore de la souveraineté gouvernementale interne que la simple collation de titres honorifiques à un regnicole.

Donc l'acte du 3 mai 1875 constitue un fait accompli, qui doit être respecté en tous pays ; donc Mme la comtesse de Caraman-Chimay a cessé d'être Française, et elle est, bien et dûment, devenue Allemande à l'égard de tous.

39. L'article 17, numéro 1er du Code civil, est, sur ce point, en complète harmonie avec les principes généraux du droit et avec la jurisprudence du conseil d'Etat, comme avec la pratique des Cours d'appel ; la qualité de Français se perdra, nous dit-il : « par la naturalisation ACQUISE en pays étranger. »

Eh bien, la nationalité étrangère a-t-elle été acquise, en Allemagne, par Mme la comtesse de Caraman-Chimay ?

Oui certainement ; les documents officiels en font foi, les autorités allemandes l'affirment et les jurisconsultes de ce pays, qui connaissent apparemment leurs lois aussi bien que nous, proclament à l'envi cette vérité.

Cela doit évidemment suffire (art. 17 n° 1).

Comment cette naturalisation a-t-elle été acquise ?

Ce point regarde uniquement le pays étranger qui a accordé la naturalisation, puisque c'est un acte de souveraineté interne et politique. En France, ce qu'il faut uniquement considérer, c'est le *fait* accompli de l'acquisition de la nationalité étrangère. Par ce fait, la nationalité française est perdue, et Mme la comtesse de Caraman-Chimay est devenue Allemande.

Toutefois ici nous rencontrons deux objections plus spécieuses que vraies. Il importe de les réfuter.

40. L'on fait remarquer d'abord que l'article 17 suppose, dans son application, une naturalisation, VALABLEMENT acquise. Or, dit-on, Mme la comtesse de Caraman-Chimay ne pouvait pas, sans l'autorisation de M. le prince de Bauffremont, se faire VALABLEMENT naturaliser à l'étranger.

Donc cette naturalisation doit être annulée.

Nous faisons ici trois réponses :

1° L'on ajoute au texte un mot qui n'y est pas. — L'article 17, n° 1, ne dit pas « la naturalisation *valablement* acquise » ; mais il dit tout simplement : « la naturalisation acquise ; »

2° L'on se met en contradiction avec l'esprit du texte. Bien visiblement, dit avec raison l'éminent auteur de l'article publié dans la *Revue du notariat et de l'enregistrement* (année 1876, page 303), la disposition de l'article 17, n° 1, procède de l'idée que nul ne peut être considéré, en France, comme ayant deux nationalités, et que, par exemple, celui qui est devenu Allemand, d'après la loi allemande, ne sera pas traité comme Français en France. « Nul ne peut avoir deux patries, disait Treilhard dans l'*Exposé des motifs du titre de la jouissance et de la privation des droits civils.* Et, sous une autre forme, le tribun Gary, parlant au nom du tribunat devant le Corps législatif, disait la même chose. « Celui qui se donne une nouvelle patrie renonce à la première. » (Fenel, VII, page 650.)

3° Quelle serait d'ailleurs l'autorité compétente pour apprécier cette *validité?* Et à quel point de vue cette question devrait-elle être étudiée?

Si c'est au point de vue du droit public, le droit public ne subordonne, en France, à aucune autorisation préalable, l'acquisition d'une nationalité étrangère : voyez l'arrêt déjà cité de la Cour de Colmar, en date du 19 mai 1868, (Sir. Dev. 1868-2-245 à 248.)

Est-ce au point de vue du droit civil qu'il faudrait se placer pour apprécier la validité de l'acte de naturalisation? Nous ne voyons pas nettement quel rôle le droit civil pourrait être appelé à jouer dans une question de droit international et à propos d'un acte de droit public. Ce serait le cas d'opposer au droit civil français la formule célèbre de l'art. 3 du Code d'instruction criminelle, en modifiant son sens et sa portée : « Ici le droit public et international tient, et il doit tenir le droit civil en état. »

Encore une fois, nous comprendrions le Code civil venant règlementer la PERTE (1) de la nationalité fran-

(1) Comparez M. Bluntschli, p. 7, sur le caractère légal de la naturalisation.

çaise et la subordonner à certaines conditions : or, c'est précisément ce que nos lois ne font pas : l'art. 17, al. 1, proclame, au contraire, la liberté de l'émigration et de la naturalisation. Les travaux préparatoires éclairent, en ce sens, la décision du texte, et la jurisprudence est conforme.

Mais nous ne comprendrions pas du tout que la loi française voulût intervenir pour réglementer l'ACQUISITION d'une nationalité étrangère : car la réglementation de cette acquisition regarde uniquement et exclusivement le pays qui accorde la naturalisation. C'est au gouvernement ainsi sollicité qu'il appartient de voir si l'individu qui demande son admission remplit les conditions voulues.

Voilà pourquoi, aux termes de l'art. 17, al. 1, la perte de la nationalité française n'est subordonnée qu'à une condition, à savoir celle-ci : « la naturalisation ACQUISE *en pays étranger.* » Le législateur n'a pas voulu que les tribunaux français fussent les juges de la *validité de cette acquisition* : il y aurait eu là, en présence d'un acte se rattachant aussi manifestement au droit public, politique et gouvernemental des peuples, un empiétement intolérable et dangereux.

41. Mais, nous dit-on, (et nous arrivons ainsi à la seconde objection annoncée plus haut nº 39 *in fine*), il faut bien que les tribunaux français apprécient, eux aussi, cette naturalisation. Ils doivent pouvoir en connaître. En effet, si l'acte de naturalisation, en vertu des principes de la souveraineté interne des Etats, s'impose en Allemagne, l'on ne peut pas être tenu de le respecter pourtant au delà des frontières allemandes et sur le territoire français. Il est nécessaire que les tribunaux français puissent être saisis des effets que l'on voudrait appliquer en France : il y

a là aussi une souveraineté interne à faire respecter.

L'objection est spécieuse : elle a été rencontrée par le tribunal civil de la Seine dans son jugement en date du 10 mars 1876 et par le ministère public dans ses réserves. Elle nous paraît toutefois susceptible d'être réfutée péremptoirement.

42. En effet, il est impossible d'annuler l'acte de naturalisation du 3 mai 1875, même dans les limites seulement du territoire français, sans porter atteinte aux prérogatives légitimes d'une souveraineté étrangère, laquelle aurait le droit, sur la plainte des personnes intéressées, de demander compte (1) de cette violation manifeste des rapports internationaux.

Il suffit, pour s'en convaincre, de suivre un instant avec attention les conséquences nécessaires des réserves contenues, dans la décision des premiers juges, aux fins de poursuites criminelles et correctionnelles, à raison des actes dont le tribunal civil de la Seine a prononcé la nullité.

Mme la princesse Bibesco vient en France : si le parquet veut être conséquent avec lui-même, il va faire aussitôt procéder à l'arrestation de la princesse comme coupable d'adultère et de bigamie, (deux mots qui paraissent cependant bien peu appropriés à la circonstance)!

Enfin passons.

Supposons donc la princesse poursuivie à raison de ces deux chefs. Elle ne pourrait évidemment être ainsi incriminée qu'en qualité de Française et à raison de l'annulation rétroactive de sa qualité d'étrangère.

Parfait !

(1) Comparez M. Bluntschli, *De la naturalisation en Allemagne et des effets de cette naturalisation*, p. 24 et 25 (extrait de la *Revue pratique de droit français*, année 1876, t. 41, p. 385 et suivantes).

Mais cette qualité de personne *valablement* naturalisée subsistant toujours au moins au regard du gouvernement allemand, ce dernier serait évidemment en droit, et il aurait le devoir absolu de réclamer la princesse comme Allemande.

Cette réclamation serait d'autant mieux fondée que le crime, imputé à la princesse, consisterait précisément dans un fait admis, au contraire, comme régulier par le gouvernement étranger dont il s'agit, et sanctionné par lui.

L'on voit donc nettement où aboutit la décision des premiers juges. Ils ont voulu dépouiller la princesse de sa qualité incontestable d'étrangère et d'Allemande pour la frapper librement ensuite en disant : il y a eu un crime de bigamie commis par une Française. Et ils n'ont pas compris qu'une semblable solution porterait une inévitable atteinte à un acte régulier de la souveraineté allemande, puisque, la qualité d'étrangère couvrant au moins à ce dernier point de vue la princesse, toute possibilité de crime s'évanouissait aussitôt !

Mais poursuivons.

La souveraineté étrangère étant ainsi directement attaquée dans la personne de l'un de ses nationaux, l'ambassade Allemande réclamera aussitôt la princesse. Qui donc sera juge dans ce conflit ?

Evidemment personne, ou du moins aucun tribunal quelconque. Il y aura alors une question à résoudre, par la voie diplomatique, entre les deux gouvernements, qui réclameront, en fait, la même personne comme relevant de leur juridiction.

L'on peut donc maintenant comprendre combien les tribunaux français, actuellement saisis, sont incompétents pour statuer sur le procès intenté par M. le prince de Bauffremont. Pour l'observateur qui va au fond des choses et qui ne s'arrête pas à un examen superficiel, le débat qui s'agite actuellement en apparence entre deux particuliers, s'agite en réalité entre deux Etats, dont la souveraineté est directement mise en cause.

Or, encore une fois, les tribunaux et les Cours, représentant l'autorité judiciaire, ne peuvent pas trancher de pareilles questions, qui sont du domaine exclusif de la diplomatie et relèvent du pouvoir exécutif.

43. Nous rencontrons toutefois ici une objection fort sérieuse, à laquelle il convient de répondre. M. le prince de Bauffremont est Français, et il a droit à la protection des tribunaux de son pays : or, l'acte de naturalisation accordé à Mme la comtesse de Caraman-Chimay, princesse séparée de Bauffremont, à la date du 3 mai 1875, dans l'Etat de Saxe-Altenbourg, atteint et lèse les intérêts de M. le prince de Bauffremont : donc, au moins en ce qui le concerne, les tribunaux français ont la plénitude de la compétence.

Entendons-nous bien.

Il est incontestable que l'acte de naturalisation, dont il s'agit, émanant d'une souveraineté étrangère, a créé une situation, dont il importe de régler les conséquences en France, en tant du moins que certains effets seraient de nature à être invoqués et appliqués dans ce dernier pays.

Aussi, nous admettons parfaitement la compétence du tribunal civil de la Seine et de la Cour d'appel de Paris, pour régler, au regard de M. le prince de Bauffremont, les conséquences du fait accompli, et pour statuer, par exemple, en ce qui concerne les enfants du premier mariage. Les art. 302 et 303 du Code civil autorisent toutes les mesures conservatoires sur ce point, mais rien que des mesures ayant un caractère conservatoire. La raison exige d'ailleurs qu'il en soit ainsi. Mme la comtesse de Caraman-Chimay, Belge d'origine, a été, en fait, Française pendant une certaine période de sa vie. Elle est la mère d'enfants nés en France, et qui sont encore aujourd'hui Français. Il y a donc, en présence de la naturalisation de Mme la comtesse de Caraman-Chimay, un règlement à faire. M. le prince de Bauffremont, le père français de ces enfants, qui continuent toujours à appartenir à la nationalité française, a qualité pour réclamer ce règlement : la Cour d'appel de Paris est compétente pour statuer sur cette difficulté.

Mais, que l'on y prenne garde.

M. le prince de Bauffremont ne se borne pas à former cette demande en réglementation d'une situation reconnue, en fait, être acquise aux débats. Il ne se contente pas d'inviter la Cour d'appel de Paris à statuer sur les conséquences pouvant en résulter en France.

M. le prince de Bauffremont soumet à la Cour des conclusions toutes différentes.

Il demande que la naturalisation du 3 mai 1875 soit considérée comme non avenue : il veut obtenir le rétablissement entier du passé. Son but enfin est de faire proclamer, par la justice, un principe en vertu duquel Mme la comtesse de Caraman-Chimay, aujourd'hui naturalisée Allemande, *redeviendrait de nouveau Française*, mais avec un crime de bigamie en plus, venant aggraver et compromettre, s'il était possible, sa position.

Une telle sentence serait entachée d'une illégalité flagrante : elle ne pourrait être rendue qu'au mépris de tous les principes de la compétence.

Encore une fois, les tribunaux français peuvent, sans doute, être compétents pour régler certaines conséquences, en France, du fait accompli en vertu d'un acte inattaquable de la souveraineté interne étrangère.

Mais la Cour d'appel de Paris ne peut pas régler cette situation, en l'envisageant comme constitutive d'une infraction (délit ou crime), vis-à-vis de M. le prince de Bauffremont, ou comme susceptible d'entraîner, au profit du prince, et contre la comtesse de Caraman-Chimay, les conséquences ordinaires de toute infraction pénale. Car ce serait remettre implicitement, mais nécessairement, en question, un acte indiscutable de la souveraineté étrangère.

En un mot, l'action de M. le prince de Bauffremont tend à faire considérer comme délictueux l'acte de naturalisation obtenu par Mme la comtesse de Caraman-Chimay, tandis que la justice française doit, au contraire, tout d'abord, accepter cette situation comme régulière, normale et légale, sauf à déterminer les résultats qui, en fait, peuvent ou doivent s'en déduire (1) au point de vue des enfants, comme

(1) Tous les jours, dans d'autres matières se rattachant également à la fois à l'ordre public et à l'ordre des intérêts privés, les tribunaux français acceptent comme point de départ de leurs décisions, même vis-à-vis de Français, des actes ou des lois émanant de souverainetés étrangères. Les tribunaux se bornent alors à tirer les conséquences naturelles des faits accomplis. C'est ainsi, par exemple, que le tribunal d'Embrun, à la date du 8 mars 1871, et la Cour de Grenoble, à la date du 13 juillet 1872 (affaire Collomb C. Bonniard), ont, avec raison, refusé de considérer comme entachée d'usure une convention d'intérêts à 12 °/₀, passée entre un Français et un étranger à l'occasion de sommes destinées à être engagées dans un commerce entrepris au Brésil, où les usages, comme les statuts locaux, admettent ce taux élevé de l'intérêt, repoussé par les lois françaises. Voyez le *Journal du droit international privé et de la jurisprudence comparée* (année 1874, t. I, p. 128); — Aj. Bordeaux, 22 août 1865 (Sirey, 1866-2-217), et Bastia, 19 mars 1866 (Sirey, 1866-2-235). De même, dans la matière qui nous occupe actuellement, la naturalisation et le second mariage

au point de vue des biens de la princesse en France.

Objectera-t-on que M. le prince de Bauffremont est du moins lésé par cette naturalisation régulière du 3 mai 1875, et qu'il a le droit de soumettre à la justice française la règlementation de ses intérêts particuliers et privés?

Ceci est une toute autre face de la question.

Se prétendre lésé par une infraction, par un crime ou un délit, — ou se prétendre lésé par un acte normal, régulier et légal d'une tierce personne, ce sont deux allégations essentiellement différentes.

Or, précisément, ce que nous reprochons au tribunal civil de la Seine, à l'occasion du jugement rendu à la date du 10 mars 1876, c'est surtout d'avoir annulé l'acte de naturalisation et l'acte de mariage de Mme la princesse Bibesco, comme constituant autant de contraventions à la loi française, et comme engendrant dès lors une situation délictueuse ou criminelle.

Voilà ce que les premiers juges ne pouvaient pas faire, sans violer toutes les règles du droit international public et privé.

Plaçons-nous donc au point de vue de la lésion que M. le prince de Bauffremont peut alléguer, pour motiver l'intervention de la justice française, en face d'actes de la comtesse de Caraman-Chimay, parfaitement conformes d'ailleurs au droit international, et lui constituant un état civil nouveau, mais régulier, en dehors de toute situation délictueuse.

Nous ferons d'abord observer que l'on voit tous les jours des actes conformes au droit, accomplis par une

de Mme la comtesse de Caraman-Chimay, actes valables en eux-mêmes, ne peuvent pas être l'objet, même en France, d'une annulation locale, comme faite *in fraudem legis domesticæ*. Toute autre solution serait contraire à l'esprit du droit international, et conduirait à des difficultés pratiques inextricables.

personne, engendrer une véritable lésion pour les intérêts d'une autre personne : celle-ci n'est pas, en général, recevable à se plaindre, en vertu de l'adage bien connu : *neminem lædit qui suo jure utitur* : nul ne peut être réputé faire grief à autrui, quand il use d'un droit acquis.

44. Quelle est d'ailleurs la lésion précise de ses intérêts privés que M. le prince de Bauffremont peut mettre en avant? Il ne peut produire que l'une ou l'autre des trois allégations suivantes :

1° L'espérance d'une réconciliation possible avec Mme la comtesse de Caraman-Chimay.

M. Bluntschli (pag. 9 et 10) répond fort judicieusement que cette éventualité est absolument invraisemblable, en présence des faits de la cause : « Cette éventualité, dit-il, n'a pas de portée en face du droit de la femme, incomparablement plus important, et de son intérêt immédiatement réalisable à se créer une meilleure et plus heureuse existence, dans un autre pays, qui ne lui rappellerait pas toujours le triste passé, après avoir enfin obtenu la séparation d'une union si malheureuse par la faute du mari. Par la séparation, la princesse avait reconquis sa liberté personnelle vis-à-vis du prince....... Si donc le prince de Bauffremont veut empêcher sa femme de vivre plus heureuse loin de lui, de quitter son nom, de se choisir un nouveau domicile, une nouvelle nationalité, et même de contracter un second mariage, le vrai motif de cette persécution ne peut pas être un sentiment d'affection du mari pour celle qui a été sa femme, mais bien uniquement le désir de se venger de ce que le procès en séparation a eu un résultat si funeste pour M. le prince de Bauffremont. »

2° M. le prince de Bauffremont peut se plaindre

de ce qu'il est obligé lui-même de rester dans les liens du mariage, et de ce qu'une nouvelle union lui est interdite, alors que Mme la comtesse de Caraman-Chimay a reconquis la plénitude de son indépendance, et a pu se remarier.

Cet inconvénient est la conséquence inévitable de la différence des législations française et allemande, en matière de mariage. M. le prince de Bauffremont n'aurait qu'à se faire naturaliser, lui aussi, en pays étranger, en Belgique par exemple, il recouvrerait aussitôt une liberté complète (Voyez plus haut, n° 9). L'on ne peut pas, d'ailleurs, soutenir, en cas de séparation de corps, dit fort judicieusement M. Rolin-Jaequemyns, « qu'il y ait un *droit* véritablement » *acquis*, pour l'un des deux conjoints ainsi séparés, » à ce que, lui vivant, l'autre ne se remarie pas. Un » époux séparé n'a plus aucun droit sur la *personne* » de l'autre : il ne peut plus le forcer à le suivre, » ni à habiter avec lui. Si, par hypothèse, la loi » d'un pays défend aux époux séparés de se remarier, » ce n'est pas au nom de leur intérêt privé : c'est, à tort » ou à raison, en vertu d'un intérêt supérieur d'ordre » public. » Or, les règles de l'ordre public légal sont essentiellement contingentes : elles varient suivant les idées du temps et les exigences particulières des différents pays (1).

3° M. le prince de Bauffremont alléguera peut-être encore que le nouveau mariage contracté, lui vivant, par Mme la comtesse de Caraman-Chimay, est injurieux pour lui, et que des enfants peuvent naître de cette union nouvelle.

Cette observation peut légitimer une demande de

(1) Comparez M. Rolin-Jaequemyns, *La princesse Georges Bibesco contre le prince de Bauffremont, devant la justice belge*, page 42.

mesures conservatoires dans l'intérêt des enfants du premier lit (1), en vertu des principes du droit commun. Mais la justice française n'a pas à intervenir pour statuer sur les griefs, vrais ou supposés, mis en avant par M. le prince de Bauffremont, si d'ailleurs les actes de Mme la comtesse de Caraman-Chimay échappent entièrement, comme nous croyons l'avoir démontré, à la compétence des tribunaux.

Y a-t-il matière à agir par la voie diplomatique à ce point de vue? Cela regarde M. le prince de Bauffremont; mais l'autorité judiciaire ne peut pas être saisie régulièrement de l'appréciation des actes passés en Allemagne, en l'état des faits de la cause : « Comment » admettre, dit M. Rolin-Jaequemyns, p. 29, (*en se* » *plaçant au point de vue des tribunaux belges*), » qu'un simple tribunal local, émanation partielle de » la souveraineté intérieure d'un Etat, puisse avoir » juridiction sur les actes d'un Etat étranger, duquel » il ne tient aucun mandat? Une pareille attribution » de compétence paraîtra surtout exorbitante, si l'on » réfléchit qu'il y a des pays (2), où la naturalisa- » tion, même ordinaire, est accordée par le pouvoir » législatif. *Conçoit-on un tribunal étranger, français*

(1) Bien entendu, nous n'admettons que des mesures conservatoires éventuelles. Les jugements du tribunal civil de la Seine, rendus à la date des 16 janvier et 31 mars 1876, qui ont ordonné le séquestre de Ménars, et accordé à M. Hons Olivier les pouvoirs illimités que chacun sait (équivalant à une véritable expulsion de la princesse), nous paraissent avoir formulé une solution excessive à tous les points de vue. Voyez, du reste, la critique des décisions du tribunal quant à la garde des enfants et au séquestre, dans la remarquable étude de M. Rolin-Jaequemyns, notre éminent confrère du barreau de Gand (Belgique), intitulée *La princesse Georges Bibesco contre le prince de Bauffremont, devant la justice belge*, p. 52 à 55. La première épreuve de cet intéressant travail nous est communiquée à l'instant, au moment où nous terminons la réimpression des deux dernières feuilles de notre consultation, à la date du 3 juillet 1876.

(2) En Belgique, notamment, aux termes de l'art. 5 de la Constitution Belge, la naturalisation est toujours conférée par une loi.

» *ou autre, s'arrogeant le pouvoir de prononcer la* » *nullité d'une loi d'un pays voisin?* Or, c'est là ce » qu'admettrait implicitement la Cour d'appel de » Paris, si elle laissait mettre en question, devant elle, » la naturalisation conférée par un Etat étranger, » (l'Allemagne dans l'espèce actuelle). *C'est dans la* » *sphère diplomatique et non dans la sphère judi-* » *ciaire* que doivent s'agiter de pareilles contesta- » tions. » Comparez M. Rolin-Jaequemyns, p. 28, *in fine.*

CHAPITRE DEUXIÈME.

Incompétence du tribunal civil de la Seine et de la Cour d'appel de Paris, en ce qui touche le second mariage de Mme la comtesse de Caraman-Chimay, contracté à Berlin, avec M. le prince Georges Bibesco (1).

45. Nous avons précédemment constaté, à plusieurs reprises, la connexité juridique de ces deux

(1) Une réflexion se présente ici tout naturellement à l'esprit. Dans l'action, actuellement pendante, en nullité de la naturalisation et du second mariage de la princesse, il n'a pas été question, un seul moment, de M. le prince Bibesco : « Il semble, dit M. Rolin- » Jaequemyns, p. 46, qu'aux yeux *du tribunal civil de la Seine*, il » n'existe pas, non-seulement comme époux, mais comme individu. » Il serait difficile cependant de dire qu'il soit étranger au procès. » Pourquoi donc l'a-t-on soigneusement laissé hors de cause? C'est » que, dans la voie dangereuse où le tribunal civil de la Seine s'est » laissé entraîner, il est plus commode d'ignorer le prince Bibesco, » de le supprimer, que de lui donner une place possible. Mais » considérera-t-on légalement son mariage comme nul? De quel » droit? En présence de la série d'actes authentiques, de preuves » légales établissant la capacité de la princesse pour contracter » mariage, la bonne foi des parties n'est-elle pas évidente! Dira-t-on » que nul n'est censé ignorer la loi? Quoi! un prince Roumain,

faits, la naturalisation de Mme la comtesse de Caraman-Chimay dans l'Etat de Saxe-Altenbourg, à la date du 3 mai 1875, et son second mariage, célébré à Berlin le 24 octobre de la même année.

Nous pourrons donc traiter rapidement cette face nouvelle de la question qui nous occupe, puisque, la naturalisation étant une fois considérée comme inattaquable, la compétence *ratione personæ* de tout tribunal appelé désormais à juger les actes de la princesse, doit être appréciée en tenant compte de sa double

» qui épouse à Berlin une Allemande, devrait connaître la loi » française, parce que la princesse a été Française, après avoir » été Belge, et avant de devenir Allemande! Une pareille prétention ne saurait à l'évidence être sérieusement soulevée vis-à-vis » de M. le prince Bibesco. Son mariage vaudra donc, tout au » moins, comme mariage putatif (art. 201 et 202 du Code civil). » A ce titre, même avec la théorie du tribunal de la Seine, tous les effets civils devraient être maintenus, au moins dans le passé. Mais alors les juges se retrouvent forcément en présence de la situation qu'ils veulent éviter. Il ne faut pas oublier qu'en pareille matière, tous les auteurs et tous les arrêts admettent qu'un mariage conclu à l'étranger, par un étranger, peut être considéré comme putatif, même dans les cas de polygamie ou d'inceste. Or, dans l'espèce actuelle, aucune de ces complications ne se rencontre. Il y aurait tout au plus, même avec la thèse du tribunal, une *erreur de droit* commise par M. le prince et Mme la princesse Bibesco. Eh bien! l'erreur de droit peut, comme l'erreur de fait, créer la bonne foi exigée, par les art. 201 et 202 précités, pour l'application des principes du mariage putatif. Voyez M. Laurent, *Principes de droit civil français*, t. II, nº 501, p. 636 et 637. Voici, d'autre part, comment s'exprime M. Demangeat (note sur Fœlix, t. I, p. 29), à propos des cas bien autrement graves de polygamie ou d'inceste : « .... — Un homme ayant épousé plusieurs femmes dans son pays et conformément à la loi de son pays, devons-nous à tous égards tenir pour nuls les mariages contractés du vivant de la première femme! D'abord il faudrait évidemment voir là tout au moins des mariages putatifs, et appliquer les art. 201 et 202 du Code civil. Je pense que la nullité ne pourrait même pas être invoquée pour exclure cet étranger du bénéfice de l'art. 324, *in fine*, du Code pénal : (Excusabilité du meurtre de l'épouse prise en flagrant délit d'adultère.) Même observation pour le cas d'inceste, si nous supposons un peuple dont les lois admettent, par exemple, le mariage entre frère et sœur. » Comparez M. Demolombe, *Cours de Code civil*, t. III, (*Traité du mariage*, t. I), nos 357, 353 et suiv., avec les nombreuses autorités qui s'y trouvent rapportées, et M. Rolin-Jaequemyns, p. 47.

qualité, désormais incontestée, de femme domiciliée à l'étranger et naturalisée Allemande (1).

Ceci posé, quelle est la nature de l'action en nullité

(1) Comparez, sur la manière dont, en effet, la naturalisation en pays étranger est aujourd'hui appréciée, quant à ses conséquences, dans la pratique constante des différents pays, M. Rolin-Jaequemyns, pag. 33 à 36. Notre éminent confrère fait connaître une collection de documents publiés, en 1873, par le gouvernement Américain sous le titre suivant : *Opinions of the heads of the executive departments, and others papers, relating to expropriation, naturalization and change of allegiance* : (Washington, government printing office, 1873. — Papers relating to the foreign relations of the U. S. — pp. 1179-1438. cf. Beach Lawrence, pp. 235 et ss.); — Ajoutez le recueil anglais le *Report of royal commission appointed for inquiring into the laws of naturalization and allegiance*. — L'on y trouve une lettre-consultation du 26 janvier 1868 émanant de M. Treitt, conseil de l'ambassade Anglaise à Paris, à lord Lyons, ambassadeur d'Angleterre. Parmi les documents cités par M. Rolin-Jaequemyns, nous avons rencontré deux jugements importants du tribunal civil de Wissembourg : l'on y voit la manière dont les tribunaux civils français ont maintes fois procédé, lorsque, à propos d'une infraction au service militaire, ils ont eu à statuer sur la nationalité d'un individu se disant naturalisé à l'étranger : « Attendu, » dit le tribunal civil de Wissembourg, dans un premier jugement du 23 avril 1860, entre Michel Zeiter, cultivateur, domicilié aux Etats-Unis de l'Amérique, demandeur, et M. le préfet du Bas-Rhin, défendeur, « que les tribunaux sont compétents, d'après l'article 26 de la loi du 21 mars 1832, pour décider les questions relatives à l'Etat ou aux droits civils des jeunes gens appelés à faire partie du contingent de l'armée; — attendu que, d'après l'art. 2 de la même loi, nul ne peut être admis dans les troupes françaises, s'il n'est Français; que, le demandeur prétendant qu'il a perdu la qualité de Français par sa naturalisation en pays étranger, il n'y a pas à s'inquiéter si cette naturalisation en pays étranger a eu lieu sans l'autorisation du gouvernement français, contrairement aux prescriptions du décret du 26 août 1811, mais seulement si, au moment actuel, le demandeur est encore Français; — attendu que le demandeur rapporte un certificat constatant qu'il s'est présenté devant la Cour des plaids communs du comté d'Essex, Etat de New-Jersey, et a fait la demande d'être admis à devenir citoyen des Etats-Unis d'Amérique, mais qu'il n'est pas justifié que cette formalité suffise pour conférer cette qualité; que le tribunal doit exiger un supplément de renseignements, tel, par exemple, qu'une attestation de l'ambassade des Etats-Unis en France de la reconnaissance, au demandeur, du titre de citoyen des Etats-Unis d'Amérique; — par ces motifs, le tribunal surseoit à statuer sur la demande, jusqu'à ce que le demandeur rapporte une attestation du conseil des Etats-Unis en France, constatant qu'il a rempli toutes les formalités nécessaires pour devenir

dirigée contre le second mariage? C'est évidemment une action qui touche à l'état des personnes : or, quel est le principe de la compétence en pareille matière, comme d'ailleurs dans toutes les matières essentiellement personnelles? — Il se résume dans cet adage bien connu : « *Actor sequitur forum rei.* » M. le prince de Bauffremont, demandeur au procès, devrait donc inévitablement aller plaider en Allemagne et porter son action devant le tribunal du domicile de Mme la princesse Bibesco, défenderesse à titre personnel au même procès.

Cette conclusion a, pour nous, la clarté de l'évidence au premier chef. M. Bluntschli (p. 34 et 26 à 32) dit fort judicieusement : « L'opinion suivant laquelle le tribunal, qui a prononcé une première fois la sépa-

citoyen des Etats-Unis, ou toute autre pièce justificative de sa nouvelle nationalité et le condamne, dès à présent, aux dépens. »

Le 2 juin 1860, le jugement définitif intervient dans les termes suivants :

« Attendu que, par la production du certificat qui lui a été délivré le 28 mai dernier, par le conseil des Etats-Unis à Paris, et qui a été enregistré à Wissembourg aujourd'hui, le demandeur a justifié qu'il est citoyen américain; le tribunal donne acte au demandeur de ce que, par la production dudit certificat, il a satisfait au jugement rendu en ce siége le 20 avril dernier; en conséquence, le tribunal dit et reconnait que le demandeur Michel Zeiter, par sa naturalisation en pays étranger, a perdu la qualité de Français, et le condamne aux dépens. »

La manière de procéder du tribunal de Wissembourg, dit, avec raison, M. Rolin-Jaequemyns, « est évidemment la seule qui soit » à la fois conforme à la portée internationale de la naturalisation » et aux principes du droit civil français. Tout ce que demande le » tribunal, ce sont les preuves authentiques nécessaires pour *constater le fait de la naturalisation.* Une fois ce fait établi, il ne le » discute pas : il se borne à en tirer immédiatement la conséquence » rigoureuse, imposée par la loi française : c'est que le naturalisé » n'est plus Français. Il peut sans doute résulter de là des conséquences fâcheuses, et entre autres une grande facilité pour les » jeunes Français d'échapper à la loi militaire de leur pays. Ce » point mérite de fixer l'attention du législateur. Mais, en attendant, » il faut prendre la loi comme elle est, avec toutes ses conséquences » certaines. » Comparez M. Rolin-Jaequemyns, (*La princesse Georges Bibesco devant la justice belge*), pag. 83 et suivantes.

ration de corps, resterait compétent, par cela même, pour juger ultérieurement un second mariage, est absolument insoutenable, et elle est abandonnée depuis longtemps. Cette opinion ne s'appuierait d'ailleurs sur aucune jurisprudence. Parmi les jurisconsultes aujourd'hui, et dans le droit international, il y a trois systèmes en présence : d'abord le système américain, qui applique la loi du lieu où le mariage a été contracté : dans l'espèce, c'est Berlin ; — ensuite l'ancien système allemand, qui applique la loi du domicile : dans l'espèce, le domicile de Mme la princesse Bibesco, constaté par les documents officiels, est à Altenbourg et à Berlin, *Postdamer Platz*, n° 1 ; — enfin, il y a le système moderne allemand et français, qui applique la loi de la nationalité. Or, ces trois systèmes consacrent également, de la manière la plus irréfutable, la validité légale du second mariage de Mme la princesse Bibesco. »

46. Spécialement, au point de vue de la compétence des tribunaux, il est impossible d'admettre que le tribunal civil de la Seine et la Cour d'appel de Paris puissent avoir qualité pour connaître de la demande en nullité du second mariage de la princesse.

Laissons, en effet, pour un instant, de côté les actes litigieux, et posons un syllogisme, auquel nous portons le défi qu'on puisse répondre :

D'après les textes du Code civil, les principes, et aux termes d'une jurisprudence française unanime, la femme séparée de corps et de biens peut librement se choisir, même à l'étranger, un domicile propre et indépendant, qui sera, de l'aveu de tout le monde, attributif de compétence, d'après les règles ordinaires du domicile : (voyez plus haut, nos 13 et 14).

Or, Mme la comtesse de Caraman-Chimay, princesse séparée de Bauffremont, ***a précisément usé de***

cette faculté et fixé son domicile *en Allemagne*.

Donc, c'est devant les tribunaux allemands que toute action PERSONNELLE, (ou touchant à l'état des personnes), *la concernant doit désormais être portée*; par conséquent, M. le prince de Bauffremont a saisi à tort le tribunal civil de la Seine et la Cour d'appel de Paris, en ce qui concerne la question de validité du second mariage, contracté en Allemagne, par Mme la comtesse de Caraman-Chimay : *Actor sequitur forum rei* : (art. 59, al. 1 du Code de procédure civile français).

47. A cette argumentation, à notre avis irrésistible, deux réponses ont été essayées par M. le substitut Tanon, dans ses conclusions du 13 janvier 1876 (*Gazette des tribunaux* du 14 janvier 1876) :

1° Les actes de naturalisation et de mariage, concernant Mme la princesse Georges Bibesco, sont nuls au regard de la loi française, et ils ne peuvent produire en France aucun effet;

2° L'art. 14 du Code civil admet la compétence des tribunaux français en pareille matière : « L'étranger, même non résidant en France, dit ce texte, pourra être cité devant les tribunaux français pour l'exécution des obligations par lui contractées en France avec un Français.... »; or, Mme la comtesse de Caraman-Chimay a contracté, par son mariage, des obligations, autrefois en France, vis-à-vis de M. le prince de Bauffremont, Français; donc le tribunal civil de la Seine et la Cour d'appel de Paris ont la compétence nécessaire pour connaître de ces obligations.

Examinons.

48. L'on objecte d'abord la nullité, au respect de la loi française, des actes de naturalisation et de mariage.

C'est là une pure pétition de principes. Nous avons précisément établi, au contraire, dans le chapitre précédent, que, les actes passés en Allemagne, étant des actes politiques et de gouvernement, ne peuvent pas être déférés aux tribunaux, et sont judiciairement inattaquables.

Mais allons plus loin. — Ces actes, fussent-ils même susceptibles d'être attaqués, seraient au moins *valables comme constitution de domicile* : or, cela suffit pour créer l'incompétence des tribunaux français : « *En matière personnelle*, (et en matière d'actions se rattachant à l'état des personnes), *le défendeur sera assigné devant le tribunal de son domicile;* s'il n'a pas de domicile, devant le *tribunal de sa résidence.* » Ce sont les termes formels de l'art. 59 du Code de procédure civile. Donc, Mme la princesse Bibesco ne peut être, dans l'espèce actuelle, assignée que devant les tribunaux allemands, puisqu'elle a, tout à la fois, en Allemagne, son domicile et sa résidence. Son domicile est à Berlin, *Postdamer Platz*, n° 1, ou encore à Altenbourg; — sa résidence est à Loschwitz près Dresde (Saxe). Les tribunaux français sont dès lors incompétents d'une manière relative, *ratione loci* ou *ratione domicilii*, en tant qu'il s'agit d'apprécier la validité du second mariage contracté par Mme la princesse.

49. Le tribunal civil de la Seine et la Cour d'appel de Paris sont également incompétents *ratione personæ* pour annuler le second mariage de la princesse : en effet, la capacité personnelle de Mme la princesse Bibesco ne pouvait plus, à raison de la naturalisation par elle obtenue, être jugée d'après la loi française, au moment de son second mariage (1). Il faut d'ailleurs

(1) Comparez, sur ce point, et pour le développement complet de cette proposition, déjà établie par nous dans la première partie de ce travail, M. Rolin-Jaequemyns, p. 43 *in fine* à 47 (*La princesse Georges Bibesco contre le prince de Bauffremont devant la justice belge*).

remarquer que l'incompétence *ratione personæ* et l'incompétence *ratione loci* ou *ratione domicilii* sont elles-mêmes d'ordre public *dans l'espèce actuelle*. Par conséquent, la Cour d'appel de Paris devrait les appliquer même d'office : « Il n'en est pas, en effet, » dit M. Rolin-Jaequemyns, p. 26, de l'incompétence » *ratione domicilii*, en matière *internationale*, comme » de cette incompétence entre les tribunaux d'un même » pays. Les juges d'un même pays, incompétents » *ratione domicilii*, sont toujours des juges; au » contraire, ceux d'un pays étranger, (qui statuent » en vertu d'un *privilége* exorbitant qu'ils ne tiennent » que de leur loi nationale), empiètent sur la souve- » raineté du pays où se trouvent les tribunaux naturels » du défendeur. »

49 *bis*. C'est ici que nous rencontrons l'objection déjà indiquée plus haut n° 47 *in fine*, p. 87, et fondée sur les termes de l'art. 14 du Code civil.

Cet article 14 du Code civil est, à tort, produit dans la cause actuelle.

Que dit-il, en effet ? — Il décide qu'un Français, vis-à-vis duquel un *étranger*, même non résidant en France, a contracté une obligation, peut traduire cet étranger devant les tribunaux français pour l'exécution de ladite obligation (art. 14).

D'où l'on conclut apparemment que Mme la comtesse de Caraman-Chimay, Belge d'origine, ayant autrefois épousé M. le prince de Bauffremont, a contracté, vis-à-vis de lui, des obligations qu'elle peut être aujourd'hui judiciairement forcée, en France, d'exécuter (1).

(1) Peut-être aussi voudrait-on argumenter, (car il faut tout prévoir), du second alinéa de l'art. 14 ainsi conçu : « Il (l'étranger, » même non résidant en France), pourra être traduit devant les » tribunaux de France, pour les obligations par lui contractées *en* » *pays étranger* envers des Français. » L'on soutiendrait alors que,

Nous déclarons ne pas comprendre absolument cette manière d'argumenter. Nous n'aurions jamais cru l'art. 14 si important dans l'affaire.

Examinons toutefois.

Mme la princesse Bibesco est *obligée* vis-à-vis de M. le prince de Bauffremont, dit le ministère public.

Comment? pourquoi? à raison de quelle cause? et à quoi la princesse est-elle tenue?

La cause de son obligation ne peut résider que dans un contrat, un quasi-contrat, un délit, un quasi-délit, ou une disposition formelle de la loi.

Y a-t-il eu un contrat? Non, évidemment; car M. le prince de Bauffremont n'invoquant aucune convention particulière et pécuniaire, il ne peut rester que l'obligation générale résultant de l'union civile. Or le lien, qui en résultait, a été relâché par l'arrêt de la Cour d'appel de Paris du 1er août 1874, au moins dans une certaine mesure à déterminer. Si M. le prince de Bauffremont prétend que la princesse a manqué à une obligation, nonobstant persistante, née de son ancien mariage, en se faisant naturaliser d'abord en Allemagne, puis en s'y remariant, il n'argumente plus d'un contrat, ni même d'un quasi-contrat : il articule tout simplement un délit ou un crime, ou un quasi-délit, ou

par son second mariage en Allemagne, Mme la comtesse de Caraman-Chimay aurait commis un crime, un délit ou un quasi-délit vis-à-vis de M. le prince de Bauffremont ou une infraction à la loi française. Mais, nous répondrons encore ici que c'est toujours le point de départ de la naturalisation qui est forcément en cause : car enfin, si Mme la comtesse de Caraman-Chimay a pu se faire *valablement* naturaliser en Allemagne, où est l'infraction? où est la *fraus legis*? Si la *cause* de l'obligation manque, *l'effet*, à savoir l'obligation elle-même, s'évanouit aussitôt. Il faut donc toujours en revenir à l'origine des actes, c'est-à-dire à la naturalisation : or ici l'incompétence des tribunaux français apparaît dans tout son jour. Voyez les développements fournis plus haut, dans la première partie de ce travail et dans le chapitre premier de la seconde partie.

une violation formelle d'une loi d'ordre public à la charge de la princesse. Mais aussitôt Mme la princesse Bibesco répond qu'elle a eu le droit d'en agir ainsi, et elle représente son acte officiel et régulier de naturalisation.

L'on voit donc bien que l'argument tiré de l'art. 14 du Code civil est, lui aussi, une pure pétition de principes, puisqu'il faut toujours en revenir finalement, *sous le prétexte d'examiner une question d'obligations réciproques*, à apprécier la valeur de l'acte de naturalisation du 3 mai 1875, appréciation qui, (nous l'avons déjà surabondamment démontré), ne peut rentrer à aucun point de vue dans la mission de l'autorité judiciaire.

Nous comprenons, à la rigueur, que l'on puisse invoquer l'art. 14, comme l'a fait d'ailleurs M. Tanon, pour affirmer la compétence des tribunaux français relativement à des mesures de détail à prendre en ce qui concerne les enfants du premier mariage ou les intérêts pécuniaires résultant de l'ancien contrat de mariage.

Mais, vouloir appliquer soit le premier alinéa, soit le second alinéa de l'art. 14 du Code civil, pour asseoir la compétence de la Cour d'appel de Paris, à l'effet de *connaître de la question de validité du second mariage de la princesse*, ce serait dénaturer entièrement la lettre et l'esprit du texte. Ce serait renverser tous les principes du droit international public et privé.

Quant au texte, en effet, l'art. 14 du Code civil s'occupe exclusivement de l'hypothèse où l'on plaide sur des *obligations contractées envers des Français*. Or, est-ce que sérieusement l'on peut vouloir appliquer ces expressions de la loi aux actions de la nature de celles dont M. le prince de Bauffremont a saisi le tribunal civil de la Seine et la Cour d'appel de Paris contre Mme la princesse Bibesco? Est-ce que le législateur a eu en vue, dans l'art. 14, des actions tendant à la nullité d'actes de naturalisation et de mariage, avec réserves aux fins de poursuites ultérieures devant les juridictions criminelles et correctionnelles?

Non, n'est-ce pas?

N'oublions pas d'ailleurs ceci : considéré dans son esprit, l'art. 14 du Code civil est un article d'exception qui doit être entendu tout à fait restrictivement (surtout au point de vue du droit international), et qui a été écarté par la plupart des législations européennes. En admettant que ce texte puisse s'appliquer même aux obligations nées d'une infraction, délit (1) ou crime, il devrait être entièrement écarté dans l'espèce actuelle. A raison, en effet, de quelles circonstances pratiques Mme la princesse Bibesco est-elle traduite devant les tribunaux français? A raison du second mariage qu'elle a contracté en Allemagne le 24 octobre 1875, et parce que ce second mariage constituerait une violation formelle de la loi française et un délit ou même un crime au respect de M. le prince de Bauffremont.

Or précisément, la princesse, étant déjà étrangère, (naturalisée (2) Allemande), avant le 24 octobre 1875, n'était point tenue de se conformer à la loi française.

Où donc est la violation alléguée de cette loi nationale?

(1) Comparez les Codes Rivière, Faustin Hélie et Paul Pont, annotations sur l'art. 14 du Code civil; MM. Sirey et Gilbert, Codes annotés, et M. Dalloz, Code civil annoté sur le même article, avec les nombreuses autorités qui s'y trouvent indiquées.

(2) La naturalisation se place à la date du 3 mai 1875, c'est-à-dire six mois avant le second mariage.

C'est donc toujours la question de la validité de la naturalisation qui est à la base de toute discussion, dans la cause actuelle, et l'argument tiré de l'art. 14 du Code civil français est une pure pétition de principes, laquelle ne saurait arrêter la Cour d'appel de Paris devant la proclamation de sa propre incompétence.

Tout ce que peut faire M. le prince de Bauffremont, (et il doit être renvoyé à en agir ainsi), c'est se désister de son action inopportunément intentée en France, dans les termes où il l'a présentée.

C'est en Allemagne et devant les tribunaux allemands que doit être discutée la validité ou la nullité du second mariage de Mme la princesse Bibesco : là, les avocats de M. le prince de Bauffremont pourront soutenir, s'il y a lieu, par exemple, que la séparation entre catholiques ne peut pas être assimilée, même au point de vue civil, au divorce, et que l'on a eu tort, à Berlin, de procéder au second mariage civil et religieux de la princesse.

Mais c'est là une pure question de droit allemand, en présence de la naturalisation *acquise* par Mme la comtesse de Caraman-Chimay, antérieurement à son nouveau mariage.

Or, les tribunaux français, (qui auraient pu avoir compétence peut-être dans d'autres circonstances, mais à la condition de respecter et d'appliquer la loi nouvelle de la personne naturalisée), *n'ont pas compétence, dans l'espèce actuelle, pour appliquer le droit allemand, à cause du domicile* (1) ou à cause de la résidence en Allemagne, dont tous les actes, joints à la réalité des faits, établissent la preuve au profit de

(1) Comparez, au point de vue de cet ordre d'idées, les développements de M. Rolin-Jaequemyns, pag. 20 à 23.

Mme la princesse Bibesco : *en matière personnelle*, dit l'art. 59 du Code de procédure civile français, le défendeur (la princesse dans l'espèce) sera assigné devant le *tribunal de son domicile* : donc à Berlin ou à Altenbourg; si le défendeur n'a pas de domicile, *devant le tribunal de sa résidence* : donc à Dresde, en Saxe, puisque Mme la princesse Bibesco réside à Loschwitz, près Dresde (Saxe).

Nous ne pourrions admettre, tout au plus, la compétence des tribunaux français que pour les difficultés de détail relatives au règlement de la situation ancienne, antérieure à l'acte de naturalisation du 3 mai 1875; car, à cette époque et pour tous les actes qui s'y rapportent, Mme la comtesse de Caraman-Chimay, par suite de son premier mariage, était devenue Française, de Belge qu'elle était à l'origine : dans l'intervalle de temps s'écoulant depuis son premier mariage jusqu'au 3 mai 1875, elle a été femme mariée en France, et, sous ce rapport, il y a certaines obligations, *contemporaines de cette époque*, dont l'appréciation appartient éventuellement aux tribunaux français.

Mais il ne faut pas aller plus loin.

50. En dernière analyse, le tribunal civil de la Seine a été induit en erreur par le désir d'atteindre ce qu'il regardait à tort comme une fraude aux lois du pays. Il appartient à la Cour d'appel de Paris et ensuite à la Cour de cassation de *dire le Droit* dans la cause, (*suum cuique tribuere*), en proclamant les vrais principes.

Les motifs, du reste, déduits par les premiers juges, quelque habilement formulés qu'ils puissent être, ne soutiennent, à aucun point de vue, un examen approfondi.

Pour achever de démontrer cette affirmation, nous allons reprendre le jugement, dans son entier, en indiquant en note les références permettant de trouver immédiatement la réfutation de chacun des motifs mis en avant par les premiers juges.

Le tribunal civil de la Seine, dans son jugement, sur la compétence et sur le fond, rendu à la date du 10 mars 1876, s'exprime ainsi qu'il suit : « Le tribunal : — *Sur la compétence :*

» Attendu que la demande du prince de Bauf-
» fremont a pour objet de faire déclarer nuls le mariage
» que la princesse de Bauffremont a contracté avec le
» prince Georges Bibesco devant l'officier de l'état
» civil de Berlin, à la date du 24 octobre 1875,
» ensemble l'acte de naturalisation du 3 mai précé-
» dent qui lui a conféré la nationalité de Saxe-Alten-
» bourg (1) ;

» Qu'à l'appui de cette demande, le prince de Bauf-
» fremont soutient que la défenderesse, bien que
» séparée de corps, n'a point pu, sans l'autorisation
» maritale, abdiquer valablement (2) la nationalité fran-
» çaise qu'elle tenait de son mariage, et que dès lors
» l'union contractée par elle le 24 octobre 1875, l'a
» été au mépris de l'article 147 du Code civil qui
» interdit de convoler à de deuxièmes noces, tant que
» les premières subsistent ;

» *Attendu que pour statuer sur l'action ainsi in-*
» *troduite, le tribunal n'a pas à décider que les*
» *actes dont la nullité est poursuivie demeureront*

(1) Le tribunal, en s'occupant d'abord du mariage, pour placer la naturalisation au second plan, met à tort l'effet avant la cause : l'acte dominant est, au contraire, l'acte de naturalisation. Voyez *suprà*, n°s 7 *in fine*, 8 et 21, pag. 15, 16, 58 et 63.

(2) Cette allégation, relativement à la situation juridique des femmes séparées de corps, est combattue et démontrée inexacte plus haut, n°s 17 à [illegible], pag. [illegible].

» *valables ou seront désormais sans effet dans* » *l'étendue des territoires qui échapperaient à la* » *souveraineté française; qu'il n'a même pas à exa-* » *miner quelle peut être leur valeur intrinsèque au* » *regard de la loi étrangère, sous l'empire de* » *laquelle ils sont intervenus* (1) ;

» Qu'il a seulement à rechercher et qu'il lui appar- » tient de dire, si les actes dont il s'agit ont été ou non » accomplis en violation de la loi française et pour » faire échec à des droits qu'elle protège, et s'ils » doivent ou non produire effet, là où cette loi conserve » toute sa puissance et s'impose au respect de tous (2) ;

» *Au fond :*

» Attendu que, pendant le mariage, la femme n'a » pas capacité pour consentir, sans l'autorisation de » son mari, des actes qui seraient de nature à engager » son patrimoine; qu'à plus forte raison, elle ne » saurait, sans cette autorisation, modifier son état » civil ou sa nationalité;

» Que, sous ce dernier rapport, sa condition est » fixée par la loi elle-même qui, dans le cas où elle » est étrangère avant le mariage, lui attribue de plein » droit la qualité de Française;

» Que la loi, en déterminant ainsi la nationalité » de la femme, aussi bien qu'en la soumettant au » pouvoir marital pour les actes de la vie civile, a eu » principalement en vue de maintenir l'autorité du » mari, chef de la famille en même temps que de » l'association conjugale; que dès lors la nécessité de » l'autorisation maritale procède du mariage et qu'elle

(1) Il est impossible de scinder ainsi l'acte de naturalisation : Voyez suprà, nos 40 et 49. Comparez M. Rolin-Jaequemyns, p. 10 et 11.

(2) Ce considérant est une pure pétition de principes. Voyez la note précédente. Ajoutez plus haut pag. 76 et 77.

» s'impose à la femme, tant que le mariage n'est pas » dissous (1);

» Attendu que la séparation de corps et de biens a » pour effet de relâcher le lien conjugal sans le » rompre; que, maintenant le mariage, elle maintient » le principe de l'autorité maritale, et qu'elle ne relève » la femme de son incapacité que dans la mesure » étroite que la loi détermine;

» Qu'en ce qui concerne plus spécialement les obli» gations personnelles que le mariage lui impose, la » femme demeure astreinte au devoir de fidélité dans » les mêmes conditions et sous les mêmes sanctions;

» Que si, le devoir de cohabitation ayant cessé, elle » peut se choisir, elle-même et seule, un domicile » séparé, elle ne saurait exercer ce droit que tout au» tant qu'il ne porterait aucune atteinte à sa nationalité;

» Que spécialement, elle ne pourrait pas faire un éta» blissement, en pays étranger, sans esprit de retour, » en dehors de l'autorisation maritale, et répudier » ainsi la qualité de Française, suivant l'article 17 du » Code civil;

» Attendu que de ce qui précède il résulte que la » princesse de Bauffremont n'a pu valablement ac» quérir, à défaut de l'autorisation de son mari, la » nationalité de l'Etat de Saxe-Altenbourg, et qu'elle » était encore Française lors de son mariage, con» tracté par elle le 24 octobre 1875 (2).

» Attendu que, sous un autre rapport, la défende» resse a sollicité et obtenu cette nationalité, non

(1) Ces principes sont exacts : mais ils n'ont rien à faire dans la cause; la séparation de corps, en opérant un certain relâchement du lien conjugal, modifie profondément leur application quant à la naturalisation. Voyez, pour le développement, *suprà*, n° 17, p. 23.

(2) Réfutation, *suprà* n°s 17 et 18. — D'ailleurs, le tribunal civil de la Seine était entièrement *incompétent* pour apprécier l'acte de naturalisation. Voyez plus haut, n°s 21 à 45, p. 53 à 81.

» pas pour exercer les droits et accomplir les devoirs » qui en découlaient, en établissant son domicile dans » l'Etat de Saxe-Altenbourg, mais dans le seul but » d'échapper aux prohibitions de la loi française en » contractant un second mariage, et d'aliéner sa nou- » velle condition aussitôt qu'elle l'aurait acquise; — » que l'acquisition d'une qualité qui tient à l'état des » personnes et conséquemment à l'ordre public, lors- » qu'elle a lieu dans ces conditions, ne saurait, même » avec l'autorisation maritale, constituer l'exercice » légitime d'une faculté conférée par la loi; — qu'elle » n'en serait que l'abus, et qu'à ce titre elle ne pour- » rait faire obstacle à l'action en nullité que l'article » 184 du Code civil ouvre contre le second mariage » qui en aurait été la suite; — qu'il appartiendrait » toujours à la justice de réprimer des entreprises éga- » lement contraires aux bonnes mœurs et à la loi (1);

» Par ces motifs :

» Se déclare compétent, et statuant au fond :

» Déclare nuls et de nul effet le mariage contracté » par la princesse de Bauffremont devant l'officier » de l'état civil de Berlin, le 24 octobre 1875, en- » semble l'acte de naturalisation du 3 mai précédent, » qui lui confère la nationalité de l'Etat de Saxe-Alten- » bourg; — fait défense à la princesse de Bauffremont » de se qualifier à l'avenir de princesse Bibesco; — » donne acte au prince de Bauffremont de ses réserves » aux fins de poursuites criminelles et correctionnelles, » à raison des actes dont la nullité est prononcée; » — et condamne la princesse de Bauffremont en » tous les dépens. » (Audience du 10 mars 1876.)

Ce dispositif renferme une série de décisions contraires aux règles du droit civil et du droit interna-

(1) Sur la *fraus legis*, voyez la réfutation détaillée produite *suprà*, n° 18, p. 41 à 48.

tional. Voyez *suprà*, n°s 21 à 50. De plus, la plupart de ces décisions sont pratiquement inexécutables.

51. Notre conviction reste ce qu'elle était au début : elle serait même, après une nouvelle étude, plus robuste encore qu'auparavant, s'il était possible.

Nous maintenons *au fond* la validité légale de la naturalisation obtenue en Allemagne par Mme la princesse Bibesco et, par suite aussi, la légitimité civile des actes qui s'en sont suivis. — Nous persistons à penser, *en la forme*, que les tribunaux français ne sont pas compétents pour juger la question dans les termes où elle est posée par M. le prince de Bauffremont. — Il y a incompétence d'abord à raison de la matière, *ratione materiæ*. Voyez *suprà*, n°s 21 et 26 à 44, p. 58 et 63 à 83. — Il y a de plus incompétence, au double point de vue du lieu et de la personne, *ratione loci* ou *ratione domicilii* et *ratione personæ*. Voyez plus haut, n°s 21 et 45 à 50, p. 58 et 84 à 94.

En dernière analyse, il est impossible d'admettre que les tribunaux français s'arrogent le pouvoir de prononcer, sur la demande de M. le prince de Bauffremont, la nullité d'une naturalisation, acte gouvernemental, équivalant à une loi et émanant d'une souveraineté interne, laquelle est en même temps, dans l'affaire actuelle, une souveraineté étrangère.

Tout est ici du ressort de la Diplomatie et non pas du ressort de la Justice.

Deux appendices, publiés ultérieurement, contiendront les décisions judiciaires intervenues ou à intervenir sur les divers incidents du procès.

Ce 5 juillet 1876.

DANIEL DE FOLLEVILLE.

PREMIER APPENDICE

52. Nous ajoutons, à la date du 25 août, dans ce nouveau tirage de notre brochure (seconde édition), le texte de l'arrêt de la Cour d'appel de Paris (1), rendu le lundi 17 juillet 1876 (2) ; plusieurs des considérants de cet arrêt admettent, *en matière de naturalisation*, une partie des conclusions de notre travail :

« La Cour,

» Sur la double exception d'incompétence *ratione materiæ et ratione personæ et loci :*

» Adoptant les motifs des premiers juges (3) ; — Et considérant que la défenderesse ne saurait être admise, pour décliner la compétence du Tribunal civil de la Seine, qui est celui de son dernier domicile en France, à invoquer les actes émanés de sa volonté seule, d'où elle fait résulter pour elle un changement de domicile et d'Etat, dont les effets légaux, au regard de la loi française, forment précisément le sujet de la contestation actuelle ;

(1) Président : M. Larombière, premier Président ; — Ministère public : M. Ducreux, Avocat général ; — Avocats : Mes Jardin et Bétolaud. — La remarquable plaidoirie de Me Jardin a été publiée chez l'éditeur E. Plon et Cie, 8, rue Garancière, Paris.

(2) Les premiers exemplaires de notre brochure avaient été livrés au commerce dès le 8 Juillet 1876. Le manuscrit, entièrement terminé, avait été communiqué aux avocats de Mme la princesse Bibesco, à Paris, le 15 mai précédent. Comparez la plaidoirie de Me Jardin, p. 49, en note. Voyez aussi un excellent article *critique* publié dans la *Revue du notariat* et de l'enregistrement, livraison d'août 1876, n° 5198, pag. 893 à 899, en note de l'arrêt de la Cour d'appel de Paris du 17 juillet 1876.

(3) Voir le jugement, pag. 97 à 101.

» Que le prince de Bauffremont, se fondant sur l'existence du mariage antérieur, est recevable à poursuivre, *sous la forme d'une question pure et simple d'état civil*, devant les Tribunaux de sa nationalité, la reconnaissance du lien qui unirait encore les deux époux, et l'exécution des obligations réciproques qu'il continuerait de produire ;

» *Qu'en admettant même que la défenderesse pût être dès à présent et provisoirement considérée comme étrangère*, la compétence des Tribunaux français serait, en tous cas, établie par les dispositions de l'article 14 du Code civil, qui, par la généralité des termes où elles sont conçues, comprennent les obligations contractées entre époux par le fait même du mariage ;

» Au fond :

» Adoptant les motifs des premiers juges ;

» Et considérant que Henriette-Valentine de Riquet, comtesse de Caraman-Chimay, Belge d'origine, est devenue Française, conformément à l'article 12 du Code civil, par son mariage avec le prince de Bauffremont, sujet de l'Etat français ;

» Que la séparation de corps, relâchant seulement le lien du mariage sans le dissoudre, le jugement de séparation prononcé en France, sur sa demande, ne lui a pas fait perdre la nationalité qu'elle avait acquise ; qu'elle est restée Française, comme elle est restée la femme du prince de Bauffremont ;

» Considérant que, si elle est *affranchie des devoirs de cohabitation*, et si, de cette liberté relative on est autorisé à conclure, réserves faites du droit de la justice d'apprécier les motifs et les circonstances, qu'elle a la faculté de choisir un domicile là où il lui plaît, même en pays étranger, il n'en résulte pas qu'elle puisse de même, à son gré, sans l'autorisation de son mari, changer de nationalité;

» Que la loi française, qui est devenue son statut personnel, s'attache toujours à sa personne, et la suit partout où elle a fixé sa résidence ou son domicile;

» Que, hors les cas où il s'agit de simples actes d'administration concernant les biens, la nécessité de l'autorisation maritale est de droit, comme conséquence du pouvoir dont le mari demeure investi après la séparation de corps;

» Que le changement de nationalité ne rentre dans aucune des exceptions prévues; qu'il doit d'autant moins y rentrer dans la cause actuelle, que la femme prétend s'en faire, à la faveur d'une loi étrangère qui n'est pas la sienne, un moyen juridique de transformer, contre la volonté de son mari et les dispositions de la loi française, sa séparation de corps en un divorce;

» Considérant qu'en supposant possible cette naturalisation à l'étranger, les effets mêmes qu'elle veut en tirer seraient immédiatement annulés par ceux du mariage qui, toujours subsistant, lui impose la nationalité du mari; qu'elle n'aurait ainsi changé de nationalité que pour reprendre à l'instant même, du moins au regard de la loi française qui domine tout le débat, celle dont elle aurait vainement tenté de se dépouiller;

» Considérant que si *l'acte de naturalisation dont il s'agit doit être envisagé comme un acte de droit public, que l'Etat étranger, usant de son droit souverain, est libre d'accomplir indépendamment de toute autorisation maritale,* il faut en même temps reconnaître que la question relative à la capacité personnelle de la femme comme femme mariée, de contracter un second mariage avant la dissolution du premier, se place en dehors de la question de son domicile, et qu'aucune atteinte ne peut être portée aux droits antérieurs du mari, qui est un tiers, par cet *acte de naturalisation*, qui, en conséquence, ne lui est pas opposable, *quelles qu'en soient d'ailleurs, d'après la loi de l'Etat étranger, la régularité et la valeur* (1); *toutes questions, qu'à raison même du mutuel respect que se doivent entre elles les souverainetés, les Tribunaux français n'ont point à examiner, soit pour déclarer l'acte valable, soit pour le déclarer nul;*

» Considérant qu'il importe peu, en effet, que cette naturalisation ait pu régulièrement s'opérer avec ou

(1) La validité *absolue* de la naturalisation obtenue par Mme la comtesse de Caraman-Chimay est un fait incontestable dans toute l'Allemagne. En voici la reconnaissance officielle délivrée à Son Altesse M. le prince Bibesco, d'abord à Altenbourg, puis à Berlin, le 13 août 1876 :

« Le ministre ducal soussigné, certifie par le présent que :

» Mme Henriette-Valentine de Riquet, comtesse de Caraman-Chimay, princesse divorcée de Bauffremont, de Ménars,

» Sur sa demande et par suite de son établissement à Altenbourg,

» A acquis la nationalité de Saxe-Altenbourg.

» Cet acte de naturalisation fonde tous les droits et devoirs d'un membre de l'Etat de Saxe-Altenbourg, à partir du moment de sa délivrance, mais seulement pour la personne qui y est expressément nommée.

» Altenbourg, le 3 mai 1875.

» Ministère ducal de Saxe département de l'intérieur.

» LOMMERS. »

« Le ministre des affaires étrangères atteste qu'aux termes de la loi du 1er juin 1870, l'acte de naturalisation dont ci-joint le duplicata, est *valable pour tout l'empire Allemand.*

» Berlin, le 13 août 1876.

» Le ministre des affaires étrangères.

» Secrétaire d'état,

» BULOW. »

Dès lors, la naturalisation et le mariage de Mme la comtesse de Caraman-Chimay avec M. le prince Bibesco sont des actes à l'abri de toute attaque fondée. Ce sont des actes entièrement juridiques au point de vue civil et international.

sans le consentement du mari ; que, *dans le cas même où il aurait expressément autorisé sa femme*, celle-ci ne serait pas admise à invoquer la loi de l'Etat où elle aurait obtenu sa nouvelle nationalité, pour se soustraire à l'application de la loi française, qui, seule, règle les effets du mariage de ses nationaux et en déclare le lien indissoluble ; qu'il s'agit du plus solennel et du plus important des contrats, qui non-seulement ne peut être rompu contre la volonté de l'un des contractants, mais encore ne peut jamais l'être du mutuel consentement des deux époux ;

» Que vainement la princesse de Bauffremont aurait acquis par sa seule volonté une nationalité étrangère, vainement même, son mari, resté Français, lui aurait donné une autorisation expresse, le caractère synallagmatique et le lien indissoluble du mariage s'opposent, dans l'un comme dans l'autre cas, à ce que, soit la femme seule, soit même les deux époux d'accord (ce qui n'est pas dans l'espèce), éludent les dispositions d'ordre public de la loi française qui les régit ;

» Par ces motifs :

» Sans s'arrêter à la double exception d'incompétence, qui est rejetée ;

» Statuant au fond ;

» *Emendant le jugement dont est appel, en ce qu'il a déclaré nul l'acte de naturalisation* du 3 mai 1875, lequel doit être seulement déclaré inopposable au mari ;

» Confirme, pour le surplus, ledit jugement ;

» Et condamne la partie appelante à l'amende et aux dépens. »

52 *bis*. L'arrêt de la Cour d'appel de Paris a fait assurément faire à la question un pas considérable. La naturalisation obtenue par Mme la princesse Bibesco

est désormais un acte *indiscutable* en France. Mais la restriction de la Cour, suivant laquelle le mariage primitivement contracté avec M. le prince de Bauffremont doit faire obstacle à l'application *quant à ce*, en France, des droits conférés à Mme la princesse par l'acquisition de sa nouvelle nationalité, nous paraît inadmissible.

Notre savant confrère de la *Revue du Notariat* (livraison d'août 1876, pag. 595) a parfaitement démontré le bien fondé de cette critique par l'analogie suivante : « Quelle valeur, dit-il, pourrait avoir la clause d'un contrat de mariage portant que l'un des époux, le mari par exemple, s'engage à ne jamais se faire naturaliser en pays étranger ? Une telle stipulation serait évidemment considérée comme nulle et sans effet, comme contraire en outre à l'ordre public, parce qu'elle serait la *négation de la liberté individuelle.* Comment donc admettre qu'une semblable prohibition puisse résulter tacitement du mariage ? » S'il en est ainsi, la Cour d'appel de Paris a invoqué à tort les dispositions de l'art. 14 du Code civil, pour asseoir la compétence des tribunaux français. En effet, le point de départ à adopter, c'est que nul ne peut, sans attenter à sa propre liberté individuelle, renoncer par anticipation au droit de se faire ultérieurement naturaliser en pays étranger : or il est impossible de supposer *virtuellement* réalisée une condition que l'art. 6 du Code civil français annulerait si elle était *expressément* stipulée : comparez les art. 900 et 1172 : donc une semblable renonciation à la naturalisation en pays étranger ne pouvait pas être considérée, avec raison, par les juges d'appel comme résultant *tacitement* du mariage contracté originairement par Mme la princesse en France où le principe de l'indissolubilité est admis : par suite, l'on ne pouvait pas à bon droit prétendre, au nom de M. le prince de Bauffremont, qu'une *obligation* relative à l'indissolubilité du premier lien conjugal résultât *irrévocablement*, en sa faveur, de son contrat de mariage, en telle sorte qu'il fût, *de ce chef*, recevable à poursuivre Mme la princesse Bibesco devant la juridiction française. L'art. 14 du Code civil ne peut, en aucune façon, être ici invoqué.

Quant à l'objection tirée de la *fraus legis*, nous l'avons suffisamment réfutée plus haut, pag. 43 à 47. Ce mode d'argumentation présente d'ailleurs un défaut évident : car il ne tend à rien moins qu'à *supprimer entièrement* le droit (incontestable cependant) pour tout individu, sans distinction de sexe, de changer de nationalité. Toute naturalisation aboutira, par la force même des choses, à léser un intérêt quelconque, au nom duquel des réclamations pourront toujours être élevées. Par conséquent, avec la théorie de la Cour, les tribunaux se trouveraient, dans tous les cas, autorisés à invalider les naturalisations, dans la mesure où elles atteindraient quelque chose ou quelqu'un : abus extrême de l'esprit de protection à outrance. Voyez toutefois M. Labbé sur l'arrêt de cassation du 19 juillet 1875. (Dev. 1876-1-289 à 291).

La vérité est que la déclaration d'*incompétence* s'impose aux tribunaux français, d'un bout à l'autre de l'affaire actuelle, et telle sera, sans doute, la solution définitive de la Cour de cassation actuellement saisie de la double difficulté relative à la naturalisation et au second mariage de Mme la comtesse de Caraman-Chimay.

SECOND APPENDICE

Décisions du tribunal civil de la Seine et de la Cour d'appel de Paris, en ce qui touche le séquestre des biens de Mme la princesse Bibesco et la garde des enfants nés du premier mariage avec M. le prince de Bauffremont.

53. Notre étude a été exclusivement concentrée sur les questions de naturalisation et de mariage : nous avons rapporté les documents judiciaires relatifs à ces deux points aux pages 97 à 101, et dans un premier appendice, pages 102 à 106.

54. Mais la procédure, engagée par M. le prince de Bauffremont, a été compliquée de nombreux incidents. Des questions de *forme* ont été soulevées; un séquestre a été constitué, puis bientôt abandonné par arrêt de justice : une demande en remise des enfants nés du premier mariage a été soumise aux tribunaux.

Il nous a paru utile de réunir, dans un second appendice de la présente étude et à titre de pièces justificatives, les diverses décisions rendues sur ces difficultés relativement secondaires. Le lecteur connaîtra ainsi exactement la physionomie vraie de cette grave affaire.

55. Le procès a débuté par une demande en remise des enfants, formée au nom de M. le prince de Bauffremont.

L'affaire, venue à l'audience le 26 novembre 1875, fut remise à huitaine.

Le 3 décembre, Mᵉ Bétolaud demandait défaut contre la princesse. La suite de la discussion fut renvoyée au 10 décembre, pour entendre les conclusions du ministère public.

Le 10 décembre, Mᵐᵉ la princesse Bibesco, avertie enfin, par les journaux, de la procédure suivie contre elle, constitua avoué au début de l'audience. M. le prince de Bauffremont demanda aussitôt le rejet de cette constitution d'avoué comme tardive.

56. Le 11 décembre 1875, le tribunal civil de la Seine (première chambre) a rendu, sous la présidence de M. Aubépin, le jugement suivant sur cette fin de non-recevoir, opposée à la constitution de l'avoué de Mᵐᵉ la princesse Bibesco :

« Le Tribunal,

» Attendu qu'en vertu d'une ordonnance du président du Tribunal, du 18 novembre dernier, la princesse de Bauffremont a, par exploit du 19, été assignée à comparaître à bref délai, pour l'audience du 26, devant la 1ʳᵉ chambre du Tribunal civil de la Seine, à l'effet de voir statuer sur la demande formée contre elle par le prince de Bauffremont;

» Attendu que la cause a été appelée à ladite audience, remise à celle du 3 décembre, jour auquel elle a été plaidée par l'avocat du demandeur et continuée à celle du 10 pour les conclusions du ministère public; et que c'est à cette dernière audience seulement que Martin du Gard, avoué, s'est présenté, déclarant se constituer pour la princesse et poser des conclusions d'incompétence;

» Attendu qu'il résulte des articles 76 et 149 du Code de procédure civile que si, au jour de l'échéance du délai fixé dans l'assignation, le défendeur n'a pas constitué ou fait présenter à la barre un avoué, il doit être donné défaut; et que, suivant l'article 150, le défaut doit être prononcé à l'audience, sur l'appel de la cause, sauf la faculté pour le Tribunal de remettre à un jour ultérieur pour le jugement;

» Attendu que, de ces dispositions, il ressort que le défaut est acquis au demandeur le jour même de l'appel de la cause, à l'expiration du délai de l'ajournement; qu'en conséquence, il n'appartient plus au Tribunal de relever le défaillant de la forclusion par lui encourue, alors surtout que le demandeur, loin de renoncer au bénéfice de la loi, déclare s'en prévaloir, comme dans l'espèce;

» Attendu, d'ailleurs, que lorsque la cause a été remise pour les conclusions du ministère public, et qu'ainsi les débats ont été clos, l'état du litige se trouve définitivement fixé; qu'il résulte en effet du décret du 30 mars 1808, et notamment des articles 33, 70 et 72, que des conclusions nouvelles ne pourraient plus être utilement posées; qu'en matière de défaut particulièrement, il importe de faire application de ces principes; car autrement toutes les prescriptions édictées par la loi, pour mettre le demandeur à l'abri des lenteurs de son adversaire, deviendraient illusoires, si l'intervention de ce dernier, après la plaidoirie, devait faire considérer tout ce qui a eu lieu à la barre comme non avenu, en rendant l'instance contradictoire;

» Attendu qu'il résulte de ce qui précède que, dans la cause, la constitution de l'avoué de la princesse et les conclusions prises en son nom sont tardives et ne sauraient dès lors êtré accueillies;

» Par ces motifs,

» Déclare non-recevables la constitution d'avoué et les conclusions dont s'agit;

» Dit qu'il sera passé outre, en l'état, à l'audition du ministère public et au jugement de la cause;

» Condamne la princesse de Bauffremont aux dépens de l'incident. »

Après la lecture de ce jugement, la parole a été donnée à M. le substitut Lefebvre de Viefville qui a formulé immédiatement ses conclusions tendant à l'admission de la demande formée par M. le prince de Bauffremont.

57. Le 17 décembre 1875, le tribunal civil de la Seine, vidant son délibéré, a, sous la présidence de M. Aubépin, rendu, au fond, sur les questions de remise des enfants et de séquestre, le jugement suivant, (par défaut contre Mme la princesse Bibesco) :

« Le Tribunal,

» Donne défaut contre la princesse de Bauffremont;

» Et pour le profit :

» Attendu qu'aux termes du jugement du Tribunal civil de la Seine du 7 avril 1874, confirmé par arrêt de la Cour d'appel du 1er août suivant, qui a prononcé la séparation de corps entre le prince et la princesse de Bauffremont, la garde des deux jeunes filles issues du mariage a été confiée à la mère; que le prince, invoquant les faits survenus depuis la décision de la justice, demande que ses enfants lui soient remis;

» Attendu que les dispositions relatives à la garde des enfants étant déterminées pour le plus grand avantage de ceux-ci ne sont que provisoires, et peuvent toujours être modifiées quand, par suite de circonstances nouvelles, l'intérêt des enfants l'exige; qu'il appartient au tribunal qui a prononcé la séparation de corps de statuer sur ce point, qui n'est qu'une conséquence de sa décision;

» Attendu qu'il est établi par les documents de la

cause que la princesse de Bauffremont, à la date du 3 mai 1875, a obtenu sur sa demande la nationalité de l'Etat de Saxe-Altenbourg, et que, le 24 octobre suivant, elle a contracté mariage, devant l'officier de l'état civil de Berlin, avec le prince Georges Bibesco;

» Attendu que le scandale de cette situation et le mépris fait ainsi par la mère de ce qu'elle devait à ses enfants, ne permettent plus de conserver à celle-ci la garde qui lui a été confiée;

» Qu'il y a lieu de recourir à une autre mesure;

» Attendu que l'intérêt des deux jeunes filles commande qu'elles soient placées dans un établissement où elles trouveront toute garantie pour leur éducation et leur instruction; et que, sans qu'il y ait lieu dans les circonstances de la cause d'en rendre la garde au père, il convient d'autoriser ce dernier à assurer l'exécution du présent jugement, et d'ordonner qu'à sa diligence les enfants seront placés dans l'institution ci-après désignée;

» Attendu que, s'agissant d'une mesure nouvelle, il appartient au Tribunal d'en régler les conséquences et de déterminer les conditions dans lesquelles auront lieu désormais les rapports des père et mère avec leurs enfants;

» En ce qui concerne la saisie des revenus de la défenderesse demandée comme sanction de l'exécution du jugement;

» Attendu que le refus par la princesse de Bauffremont de se conformer à ce qui sera ordonné par la justice pour le plus grand avantage des enfants constituerait de sa part un manquement aux obligations mêmes qui dérivent de sa qualité de mère; — qu'en cette matière, à raison de la nature et de la gravité des intérêts auxquels il s'agit de pourvoir, les Tribunaux ont toute faculté pour apprécier et prescrire, dans les limites de la loi, et suivant l'exigence de chaque cas, les moyens qui leur paraissent les plus propres à assurer l'exécution de leurs décisions;

» Attendu qu'en principe la loi admet la contrainte pécuniaire comme sanction de l'exécution des obligations; que l'urgence d'enlever les enfants à la situation que leur a faite la défenderesse, justifie la mesure demandée par le père;

» Qu'elle doit être restreinte cependant à ce qui est strictement nécessaire pour le but à atteindre, et qu'il n'y a lieu en conséquence d'ordonner l'attribution des revenus au profit des enfants;

» Attendu, enfin, que le prince de Bauffremont demande qu'un tiers soit nommé à l'effet de toucher, à titre de séquestre, les revenus par lui saisis-arrêtés et de procéder à la vente des coupes de bois et autres récoltes de la princesse;

» Attendu qu'il importe, pour la conservation même des droits de qui il appartiendra, que les revenus soient recouvrés sans retard et ne s'accumulent pas aux mains des débiteurs; que ceux-ci peuvent vouloir d'ailleurs se libérer aux échéances; qu'à l'égard des coupes de bois, lesquelles constituent une partie des revenus de la défenderesse, il y a lieu de pourvoir, ainsi du reste, que pour les autres récoltes, à ce que la saisie ne soit pas rendue impossible par des combinaisons qui tendraient à mettre hors d'atteinte tout ou partie des prix de vente; que la nomination d'un séquestre, dans les termes où elle est requise, donnera satisfaction à ces divers intérêts;

» Par ces motifs,

» Déclare que la garde des deux enfants issus du mariage cessera d'appartenir à la princesse de Bauffremont;

» Et, sans qu'il y ait lieu d'en conférer la garde au père, dit qu'à la diligence de ce dernier, les deux jeunes filles seront placées au couvent des dames du Sacré-Cœur, rue de Varenne, à Paris, où elles resteront jusqu'à ce qu'elles aient accompli leur vingt et unième année, ou jusqu'à leur établissement par mariage, à moins qu'auparavant il n'en soit autrement ordonné par justice ;

» Dit que les père et mère pourront les visiter une fois par semaine au pensionnat, aux jours, heures et suivant les conditions fixées par les règlements du couvent, et que le père seul aura la faculté de faire sortir ses filles les jours de congé ;

» Et pour l'exécution de ce qui vient d'être prescrit ordonne que la princesse de Bauffremont sera tenue de remettre les enfants au demandeur, et, à défaut par elle de ce faire dans la quinzaine de la signification du présent jugement, autorise le prince de Bauffremont, aux fins qui viennent d'être indiquées, à se faire remettre les jeunes filles partout où elles se trouveraient, et ce même avec l'assistance du commissaire de police et de la force armée, si besoin est ;

» Et au cas où dans le délai ci-dessus fixé, la défenderesse n'aurait pas exécuté le présent jugement, autorise le prince de Bauffremont, après l'expiration dudit délai, à saisir-arrêter les revenus de la princesse partout où besoin sera ;

» Nomme Olivier Hons, séquestre, à l'effet de recevoir tous lesdits revenus, qu'ils proviennent de valeurs mobilières ou de biens immeubles, avec pouvoir d'en poursuivre le recouvrement et d'en donner quittance ;

» Lui donne également mission de procéder à la vente de toutes coupes de bois suivant l'aménagement, et à celles de toutes autres récoltes, et d'en toucher le prix;

» Dit qu'en payant entre ses mains, tous les débiteurs desdits revenus seront valablement libérés;

» Ordonne qu'après le paiement des impôts, des frais et charges de toute nature, le surplus des fonds sera versé à la Caisse des dépôts et consignations au nom dudit séquestre pour être ultérieurement remis à qui de droit;

» Dit n'y avoir lieu d'en ordonner autrement emploi, ni attribution au profit des enfants;

» Dit que l'autorisation de saisir-arrêter donnée ci-dessus au demandeur, ainsi que les pouvoirs du séquestre cesseront dès que les enfants auront été remis à leur père, soit qu'ils l'aient été par la défenderesse, soit qu'ils l'aient été autrement, mais seulement toutefois à l'égard du séquestre, après que notification lui aura été faite de l'événement mettant fin à sa mission;

» Et attendu qu'il s'agit de l'administration de la personne des enfants et de séquestre et qu'il y a péril en la demeure;

» Ordonne l'exécution provisoire du présent jugement, nonobstant opposition ou appel et sans caution;

» Condamne la princesse de Bauffremont aux dépens. »

58. Les avocats de Mme la princesse Bibesco ont eu raison de faire remarquer (1) l'extrême rigueur de cette décision. Elle aboutissait, en effet, à une véritable *confiscation* des biens de la princesse. Elle constituait une sorte d'interdiction légale, et cela alors que la nullité de la naturalisation et du mariage

(1) Voyez la plaidoirie de Me Jardin, page 8. Voyez aussi la discussion élevée et brillante de Me Lenté, devant la Cour d'appel de Paris, dans la *Gazette des tribunaux* des 31 juillet - 1 août 1876.

n'avait même pas encore été demandée en justice!

59. Cependant, dans l'intervalle, la princesse avait interjeté appel du jugement qui déclarait non-recevable sa constitution d'avoué. Comparez, pour tous les renseignements, sur la procédure suivie, Mᵉ Jardin (plaidoirie publiée chez Plon, 8, rue Garancière, Paris, pages 7 à 10).

60. Le 4 janvier 1876, la Cour d'appel de Paris, première chambre, rendit, sous la présidence de M. le premier président Larombière, un arrêt infirmant le jugement du 11 décembre 1875. Cet arrêt déclarait recevable la constitution d'avoué et rejetait les conclusions de M. le prince de Bauffremont, tendant à la suppression des mots, « *princesse Bibesco* », dans les actes de la procédure.

Voici les termes de cet arrêt du 4 janvier 1876 :

« La Cour,

» Sur la fin de non-recevoir tirée de ce que le jugement serait simplement préparatoire :

» Considérant que ce jugement déclare non-recevables comme tardives la constitution d'avoué et les conclusions de la princesse de Bauffremont, et dit, en conséquence, qu'il sera passé outre, en l'état, à l'audition du ministère public et au jugement de la cause; qu'il est si peu rendu pour l'instruction du litige, qu'il repousse au contraire les éléments d'instruction que pourrait apporter la contradiction de la partie défenderesse; qu'il ne tend pas davantage à mettre le procès en état de recevoir jugement définitif, puisqu'il se borne à décider contradictoirement, sur la question de procédure, que le jugement à intervenir sur le fond ne peut être rendu que par défaut, faute de comparaître; qu'il est définitif sur l'incident, et que, touchant à l'exercice même du droit de défense en justice, il est de nature à faire dès à présent grief à la partie; qu'il est, conséquemment, susceptible d'appel;

» Au fond :

» Considérant que, le 19 novembre 1875, le prince de Bauffremont a assigné la princesse de Bauffremont, sa femme séparée de corps, à comparaître à bref délai pour l'audience du 26, devant la 1re chambre du Tribunal civil de la Seine; que la cause appelée à l'audience a été remise au 3 décembre, jour où elle a été plaidée par l'avocat du demandeur et continuée à celle du 10 pour les conclusions du ministère public; qu'à cette dernière audience, Me Martin du Gard qui, dès la veille, avait signifié sa constitution, s'est présenté, déclarant se constituer pour la princesse de Bauffremont et poser ses conclusions que son adversaire a repoussées comme tardives, et, par suite, non-recevables;

» Considérant que si aucune disposition spéciale n'indique le moment précis où, sous peine de forclusion, le défendeur est tenu de comparaître, ce moment est suffisamment déterminé par les divers articles du Code de procédure, concernant soit les constitutions d'avoué, soit les jugements par défaut et oppositions; qu'en disposant que le défendeur sera tenu, dans les délais de l'ajournement, de constituer avoué, par acte signifié d'avoué à avoué, ou que, dans le cas d'une demande formée à bref délai, comme dans l'espèce, il pourra, au jour de l'échéance, faire présenter à l'audience un avoué auquel il sera donné acte de sa constitution, les articles 75 et 76 du Code de procédure civile ne prononcent contre lui aucune sanction, aucune déchéance du droit de comparaître et de se faire représenter; que l'article 149 du même

Code, quand il dit qu'il sera donné défaut si le défendeur ne constitue pas avoué ou si l'avoué constitué ne se présente pas au jour indiqué pour l'audience, fait évidemment de la non-comparution du défendeur ou de son avoué la condition essentielle du jugement par défaut; que tel est aussi le sens des articles 19 et 434 relatifs aux Tribunaux de paix et de commerce, devant lesquels les parties sont tenues de comparaître en personne ou par mandataire;

» Considérant que le défaut devant, aux termes de l'article 150, être prononcé à l'audience, sur l'appel de la cause, et les conclusions de la partie qui le requiert, adjugées, si elles se trouvent justes et bien vérifiées, aucun défaut ne saurait être encouru par le défendeur qui comparaît avant que le jugement ait été prononcé, bien que les délais de l'assignation soient alors échus; que, dans ce cas, la partie étant réellement comparante au moment où le juge statue, le défaut qui serait donné contre elle manque de sa condition nécessaire et ne repose sur aucune base légale; qu'ainsi, jusqu'à la prononciation du jugement qui doit le déclarer, elle est admise à comparaître utilement pour prendre ses conclusions et rendre le débat contradictoire;

» Considérant que, dans l'espèce, alors que l'avoué de la princesse de Bauffremont a déclaré se constituer, les juges n'avaient pas fait, aux termes de l'article 150 précité, mettre les pièces sur le bureau pour prononcer le jugement à l'audience suivante; qu'après avoir entendu l'avocat du demandeur, ils avaient seulement déclaré continuer la cause à huitaine pour entendre le ministère public en ses conclusions; qu'en cet état de l'affaire, il n'y avait ni débats clos, ni défaut acquis contre la partie défenderesse; que les articles 33, 70 et 72 de la loi du 30 mars 1808 ne fournissent aucune raison de décider contraire à cette solution, soit parce qu'ils contiennent, pour l'hypothèse d'une affaire contradictoire, certaines règles de procédure et de service intérieur, soit enfin parce qu'ils ne font de leur inobservation aucune cause expressément rigoureuse de déchéance et de forclusion;

» Qu'il ressort de l'ensemble des textes et de l'esprit général de nos lois de procédure qu'elles favorisent, au lieu de la restreindre, la faculté de comparution qui appartient à toute partie, et qu'elles s'appliquent à provoquer de la part des intérêts opposés une contradiction qui se lie au droit de défense;

» Sur la qualification prise par la princesse de Bauffremont :

» Considérant que le changement d'état sur lequel elle se fonde pour se qualifier de princesse Bibesco, est précisément invoqué par le prince de Bauffrémont, son mari, à l'appui de sa demande; qu'en dehors de la question spéciale qui lui est actuellement soumise, il n'appartient pas à la Cour de préjuger l'existence et les effets légaux de ce prétendu changement d'état, en ordonnant la suppression demandée; que le simple fait, par elle, de prendre la qualification dont il s'agit ne tombe point d'ailleurs sous l'application des articles 1036 du Code de procédure civile, et 23 de la loi du 17 mai 1819;

» Par ces motifs,

» Sans s'arrêter à la fin de non-recevoir proposée contre l'appel, laquelle est rejetée, infirmant;

» Dit qu'à tort les premiers juges ont déclaré non-recevables comme tardives la constitution d'avoué et les conclusions de la princesse de Bauffremont, et ordonné qu'il serait passé outre, en l'état, à l'audition du ministère public et au jugement de la cause;

» Dit qu'il n'y a lieu, quant à présent, d'ordonner la suppression, dans la requête et dans l'exploit d'assignation, de ces mots : « *aujourd'hui princesse Bibesco,* » s'appliquant à la princesse de Bauffremont;

» Recevoir, par suite de l'infirmation prononcée, la cause et les parties devant une autre chambre du Tribunal civil de la Seine, composée d'autres juges;

» Prononce mainlevée de l'amende et condamne le prince de Bauffremont aux dépens de l'incident, tant de première instance que d'appel. » Comparez, sur cet arrêt, une excellente note de M. J. Ortlieb, agrégé à la faculté de droit de Nancy, (Dev. 1876-2-193 à 195).

61. A la suite de l'infirmation prononcée par la Cour, le procès fut renvoyé devant la seconde chambre du tribunal civil de la Seine, présidée par M. de Person.

Le 13 janvier 1876, les plaidoiries s'engagent et Me Lenté, au nom de Mme la princesse Bibesco, soutient l'incompétence du tribunal.

Ce même jour, 13 janvier 1876, le tribunal se déclare compétent et rend, sur l'exception proposée, le jugement suivant :

« Le Tribunal,

» En ce qui touche le moyen de nullité de l'assignation tiré du domicile :

» Attendu que la princesse de Bauffremont prétend qu'après l'arrêt de la Cour du 1er août 1874, qui a prononcé la séparation de corps, elle avait pris domicile au château de Ménars, arrondissement de Blois, et que c'était là qu'elle aurait dû être assignée;

» Attendu, en fait, que si, de[venue] libre par l'arrêt de se choisir un domicile distinct [d]e celui de son mari, elle a séjourné quelque temps en ce château où la rappelaient des souvenirs de famille, mais qui ne lui appartenait pas, cette résidence très-momentanée n'impliquait aucunement l'intention d'un établissement définitif;

» Que cette intention, nécessaire à la constitution du domicile légal, ne ressort d'aucun fait;

» Que, loin de là, elle était déjà dominée par le projet d'une union à l'étranger avec le prince Bibesco;

» Qu'il résulte de documents certains qu'étant déjà, en octobre 1874, résidente à Berlin, elle sollicitait du maire de la commune de Ménars et s'y faisait envoyer un certificat en vue d'obtenir, dans le duché de Saxe, des lettres de naturalisation qui devaient permettre le second mariage, réalisé à Berlin le 24 octobre 1875;

» Attendu qu'ainsi et en l'absence d'un domicile connu en France, même d'une résidence, la défenderesse a été régulièrement assignée à Paris au domicile qui lui avait été fixé par le juge au cours de l'instance en séparation de corps, s'agissant, d'ailleurs, de mesures qui s'y rattachent, et, par plus de précaution, assignée au parquet de M. le procureur de la République;

» Attendu qu'il est constant qu'elle a été touchée par l'assignation;

» En ce qui touche le moyen d'incompétence du Tribunal :

» Attendu qu'à supposer le domicile à Ménars, il n'était pas, dans l'espèce, attributif de compétence pour le Tribunal de l'arrondissement de Blois;

» Que la demande du prince de Bauffremont tend au règlement du sort des enfants, emmenés par la mère à l'étranger;

» Que la nature de cette demande implique la compétence spéciale du Tribunal civil de la Seine qui a statué sur la séparation de corps;

» Que la Cour, en confirmant le jugement au sujet de la garde des enfants confiés à la mère, et en n'y apportant qu'une modification accessoire dans l'intérêt même du mari, a laissé au Tribunal la plénitude de juridiction pour statuer sur tous les incidents pouvant se rattacher à la séparation;

» Que tel est le caractère des mesures nouvelles réclamées par le prince de Bauffremont, à raison de faits qui seraient survenus dans la situation de la mère;

» Que l'appréciation de ces faits appartient de droit au Tribunal;

» Que le déclinatoire doit donc être rejeté;

» Et attendu qu'il y a urgence à statuer au fond;

» Attendu que les dispositions de l'art. 172 du Code de procédure civile ne s'opposent pas à ce qu'il soit de suite passé outre aux débats sur la demande;

» Qu'ils ne prohibent que la jonction, qu'il ne s'agit pas d'opérer;

» Par ces motifs,

» Sans s'arrêter aux moyens d'exception proposés, se déclare compétent;

» Ordonne qu'il sera immédiatement plaidé au fond;

» Condamne la princesse de Bauffremont aux dépens de l'incident. »

62. Puis, séance tenante, et à la fin de la même audience, le tribunal, statuant par défaut au fond, rendit un second jugement ainsi conçu, (toujours sous la présidence de M. de Person) :

« Le Tribunal,

» Donne acte à Martin du Gard, avoué de la princesse de Bauffremont, de ce qu'il déclare ne pas conclure au fond ;

» Donne en conséquence défaut contre lui, et pour le profit :

» Attendu, en droit, que les dispositions concernant la garde des enfants mineurs dans un jugement de séparation de corps sont toujours susceptibles d'être modifiées, même rétractées suivant les circonstances qui surviennent, soit dans la position des parents, soit dans celle des enfants dont l'avantage est l'unique règle ; qu'il n'y a jamais, sur ce point, chose jugée définitivement ;

» Attendu, en fait, que le mariage de la princesse de Bauffremont avec le prince Georges Bibesco, contracté devant l'officier de l'état civil de Berlin à la date du 24 octobre 1875, au mépris de la loi française et précédé de lettres de naturalisation dans l'Etat de Saxe-Altenbourg, soit par lui-même, soit par les conséquences fâcheuses qu'il doit avoir pour les deux jeunes filles confiées à ses soins par l'arrêt du 1er août 1874, constitue un fait nouveau d'une gravité telle qu'il est impossible de maintenir à leur mère la garde de ses enfants emmenées loin de leur patrie ;

» Attendu que le prince de Bauffremont n'insiste pas pour qu'elles lui soient remises ; qu'il y a lieu, dans leur intérêt, de les placer dans un établissement offrant toute garantie de bonne éducation, et que la maison du Sacré-Cœur, à Paris, répond à ce besoin de nécessité urgente :

» Attendu qu'il convient, en outre, de régler les rapports que les enfants auront avec leur père et mère ;

» Relativement à la sanction qui doit assurer l'exécution du présent jugement :

» Attendu qu'il est permis de supposer la résistance de la princesse de Bauffremont et de penser que les moyens de coercition requis dans les conclusions du mari ne sont pas excessifs et n'excèdent pas les pouvoirs du Tribunal, spécialement en ce qui touche le séquestre dont la nomination est nécessaire;

» Par ces motifs,

» Déclare que la garde des deux enfants issus du mariage cessera d'appartenir à la princesse de Bauffremont;

» Et, sans qu'il y ait lieu d'en conférer la garde au père, dit qu'à la diligence de ce dernier les deux jeunes filles seront placées au couvent des dames du Sacré-Cœur, rue de Varenne à Paris, où elles resteront jusqu'à ce qu'elles aient accompli leur vingt et unième année, ou jusqu'à leur établissement par mariage, à moins qu'auparavant il n'en soit autrement ordonné par la justice;

» Dit que les père et mère pourront les visiter une fois par semaine au pensionnat, aux jours, heures et suivant les conditions fixées par les règlements du couvent, et que le père seul aura la faculté de faire sortir ses filles, les jours de congé;

» Et pour l'exécution de ce qui vient d'être prescrit, ordonne que la princesse de Bauffremont sera tenue de remettre les enfants au demandeur, et, à défaut par elle de ce faire dans la quinzaine de la signification du présent jugement, autorise le prince de Bauffremont, aux fins qui viennent d'être indiquées, à se faire remettre les jeunes filles partout où elles se trouveraient, et ce même avec l'assistance du commissaire de police et de la force armée si besoin est;

» Et au cas où, dans le délai ci-dessus fixé, la défenderesse n'aurait pas exécuté le présent jugement, autorise le prince de Bauffremont, après l'expiration dudit délai, à saisir-arrêter les revenus de la princesse partout où besoin sera;

» Nomme Olivier Hons, séquestre, à l'effet de recevoir tous lesdits revenus, qu'ils proviennent de valeurs mobilières ou de biens immeubles, avec pouvoir d'en poursuivre le recouvrement et d'en donner quittance;

» Lui donne également mission de procéder à la vente de toutes coupes de bois suivant l'aménagement, et à celles de toutes autres récoltes, et d'en toucher le prix;

» Dit qu'en payant entre ses mains, tous débiteurs desdits revenus seront valablement libérés;

» Ordonne qu'après le paiement des impôts, des frais et charges de toute nature, le surplus des fonds sera versé à la Caisse des dépôts et consignations par les soins de laquelle seront employés à la fin de chaque année les fonds restant disponibles en acquisition de rentes trois pour cent sur l'Etat français au nom des mineures, chacune pour moitié, desquelles inscriptions elle demeurera dépositaire;

» Dit que l'autorisation de saisir-arrêter donnée ci-dessus au demandeur, ainsi que les pouvoirs du séquestre, cesseront dès que les enfants auront été remis à leur père, soit qu'ils l'aient été par la défenderesse, soit qu'ils l'aient été autrement, mais seulement toutefois à l'égard du séquestre, après que la notification lui aura été faite de l'événement mettant fin à sa mission;

» Et attendu qu'il s'agit de l'administration de la personne des enfants et d'un séquestre et qu'il y a péril en la demeure : vu l'art. 135 du Code de procédure civile ;

» Ordonne l'exécution provisoire du présent jugement nonobstant opposition ou appel et sans caution ;

» Condamne la princesse de Bauffremont aux dépens. »

63. Ce jugement, rendu par défaut, faute de conclure au fond, aggrave encore, on le voit, contre Mme la princesse Bibesco, les rigueurs de la décision rendue par la première chambre du tribunal civil de la Seine, le 17 décembre 1875.

En effet, non-seulement ce nouveau jugement maintient le séquestre ; mais encore il ordonne *l'attribution des revenus* aux enfants. Nos lois n'avaient certainement pas prévu de pareils avancements d'hoirie !

64. Mme la princesse Bibesco se hâta de former opposition à ce jugement statuant d'une manière aussi sévère sur la garde des enfants et sur le séquestre des biens.

65. Sur cette opposition, M. Hons Olivier, séquestre, est intervenu aux débats. Le 30 mars 1876, le tribunal civil de la Seine, deuxième chambre, a, sous la présidence de M. de Person, prononcé, entre toutes les parties, dans les termes suivants :

« Le Tribunal,

» En la forme :

» Attendu que l'opposition du 29 janvier 1876, au jugement par défaut du 13 janvier, rendu par le Tribunal contre la princesse de Bauffremont, est régulière, la reçoit opposante à l'exécution dudit jugement ;

» Au fond :

» Donne acte à Hons Olivier, séquestre, de ses conclusions d'intervention ;

» Et statuant vis-à-vis toutes les parties en cause :

» En ce qui touche le sursis demandé par la princesse de Bauffremont :

» Attendu qu'on n'insiste pas à l'audience sur ce chef des conclusions, d'ailleurs mal fondé ;

» En ce qui touche la garde des enfants :

» Attendu que le jugement dont est opposition, en décidant qu'il était de l'intérêt des deux jeunes filles, nées du mariage des époux de Bauffremont, qu'elles fussent soustraites à la direction de leur mère, et que la garde qui lui en avait été confiée par l'arrêt de la Cour, statuant sur la séparation de corps, cessât de lui appartenir, a sainement apprécié les conséquences du second mariage contracté par elle à l'étranger avec le prince Bibesco, la nécessité d'assurer à ces jeunes filles une éducation morale et religieuse qui ne serait pas contrariée par l'exemple, enfin la modification que leur éloignement imprévu de leur pays apportait au droit qui était réservé au mari de voir et de surveiller ses enfants dans les conditions déterminées par l'arrêt ;

» Attendu que les moyens produits à l'appui de l'opposition ne sont pas de nature à motiver la rétractation des mesures prescrites par le jugement de défaut ;

» Que ces mesures concilient autant que possible la loi avec l'avenir des enfants ;

» En ce qui touche la nomination du séquestre :

» Attendu que la princesse de Bauffremont déclare hautement qu'elle ne se dessaisira pas de ses filles ; qu'ainsi se trouve confirmée la résistance que préjugeait le jugement du 13 janvier ;

» Attendu, en droit, qu'il appartient au Tribunal de prendre, pour assurer l'exécution de ses jugements, tous moyens de coercition qu'il croit propres à atteindre le but fixé;

» Attendu que la somme des dommages-intérêts est essentiellement variable, suivant les circonstances des procès et que, dans l'espèce, la nécessité d'un séquestre s'impose à la situation exceptionnelle dans laquelle la dame de Bauffremont s'est volontairement placée; qu'elle ne peut être touchée que dans ses biens; — Que, d'ailleurs, à raison de son absence, qui peut se prolonger, il est de son intérêt même qu'ils soient confiés à une administration spéciale;

» Attendu que le prince de Bauffremont ne saurait se désintéresser du droit de surveillance qui lui appartient, comme père, sur les immeubles même dotaux de sa femme;

» Qu'il doit les préserver de toute aliénation non justifiée et de tout fait abusif de jouissance ressemblant à une aliénation;

» En fait :

» Attendu qu'il résulte des circonstances de la cause que les ventes de coupes de bois faites, depuis la séparation de corps, par la princesse de Bauffremont, sont contraires aux aménagements antérieurement suivis et n'ont eu d'autre but que de lui procurer des revenus anticipés; qu'ils affectent la propriété même; — Qu'en cet état, des mesures sérieusement préventives de nouveaux abus étaient urgentes; que le prince de Bauffremont avait qualité pour demander la nomination d'un séquestre; qu'assurément, on ne saurait vouloir l'intervention des enfants venant prendre parti entre leur père et leur mère; que ceux-ci étant d'ailleurs mineurs, leur incapacité les met à l'abri d'une pareille insinuation;

» Attendu qu'en décidant que le séquestre placerait,

au nom des jeunes filles, le reliquat de son compte annuel d'administration, le Tribunal a jugé régulièrement; qu'il est incontestable qu'usant des dispositions des articles 1142 et 1147 du Code civil, le colonel de Bauffremont serait fondé à réclamer les dommages-intérêts dans lesquels se résout toute obligation de faire non exécutée; que ce droit n'est pas diminué parce qu'il déclare vouloir appliquer à ses enfants le bénéfice des dommages-intérêts qui lui seraient alloués, et les en faire profiter directement;

» Attendu que, encore de ce chef, le jugement doit être maintenu;

» Relativement aux pouvoirs du séquestre :

» Attendu qu'ils seraient sans résultat s'ils ne lui attribuaient pas l'administration pleine et entière de la terre de Ménars; que c'est ainsi que doivent être entendus les termes de la mission dont il a été chargé par le jugement dont est opposition; qu'ayant à verser à la Caisse des consignations, pour les mineures, le surplus des fonds qui lui restera après la vente des coupes de bois ou de toute autre récolte, et d'en toucher le prix, il lui appartient implicitement d'en régler les prix et de fixer les conditions de toute vente; qu'il doit, pour le meilleur rendement des biens, être libre d'apprécier le mode le plus avantageux de les affermer suivant l'usage du pays; que si les convenances personnelles à garder vis-à-vis de la princesse de Bauffremont, et le respect de ses souvenirs de famille, protestent contre l'introduction d'un locataire dans le château et ses dépendances, qui doivent toujours être prêts à recevoir sa propriétaire, au cas où elle voudrait y rentrer, ce ne peut être que devant cette limite que s'arrêteront les pouvoirs de l'administrateur; qu'il doit pouvoir surveiller l'intérieur du château et ses dépendances, pour faire faire les réparations nécessaires ;

» Attendu qu'en outre, et pour lui permettre d'agir utilement et de faire produire des fruits, il doit être constitué maître de choisir et de rémunérer les agents, préposés et domestiques du domaine, dont la résistance systématique serait la négation de l'autorité qui lui est déléguée ; que le choix du séquestre nommé par le Tribunal, est une garantie de la discrétion comme de la fermeté avec laquelle il usera des pouvoirs considérables dont il est investi ;

» Attendu que ces dispositions ne sont pas extensives du mandat conféré par le jugement du 13 janvier ;

» Qu'elles n'en sont que la juste interprétation, rendue nécessaire par l'obstacle apporté par le représentant de la princesse de Bauffremont, à la volonté qu'à la date du 17 février Hons Olivier, séquestre, a manifestée de s'introduire dans le château ;

» Attendu que, pour mettre sa responsabilité à l'abri de réclamations ultérieures, et comme mesure de conservation, il y a lieu de dire qu'il fera inventaire des meubles et objets mobiliers qui le garnissent, avant toute prise de possession ;

» Par ces motifs :

» Sans s'arrêter aux moyens d'opposition, ordonne que le jugement par défaut du 13 janvier dernier sera exécuté selon sa forme et teneur, spécialement en ce qui touche les pouvoirs conférés à Hons Olivier, séquestre ;

» L'interprétant au besoin :

» Dit qu'il a le droit de pénétrer dans l'intérieur du château, de faire l'inventaire des meubles et objets mobiliers qui le garnissent, de consentir tous baux et locations permettant de faire produire à la propriété les fruits dont elle est susceptible, en ce, néanmoins, non compris le château et ses communs et le petit parc;

» Dit qu'il pourra, en conséquence, s'entourer d'un personnel de son choix, le jugement du 13 janvier 1876 sortissant effet en ce qui n'est pas contraire aux présentes dispositions;

» Déclare le jugement commun à Hons Olivier;

» Ordonne l'exécution provisoire, nonobstant appel ou opposition, vu l'urgence;

» Condamne la princesse de Bauffremont en tous les dépens; autorise au besoin le séquestre à faire emploi des titres en frais d'administration. »

66. Mme la princesse de Bauffremont a interjeté appel des deux jugements en date des 13 janvier et 30 mars 1876, concernant la garde des enfants et le séquestre. Me Lenté, avocat, a plaidé pour Mme la princesse Bibesco; Me Bétolaud, pour M. le prince de Bauffremont; Me Lesourd, pour M. Olivier, le séquestre.

67. Les plaidoiries terminées, et après les conclusions du ministère public, la Cour d'appel de Paris (première chambre), présidée par M. le premier président Larombière, a rendu un remarquable arrêt réformant, pour partie, les décisions déférées à sa haute censure. Voici les termes de cet arrêt prononcé à la date du 7 août 1876 :

« La Cour,

» En ce qui concerne la garde des enfants et leur remise au père par la princesse de Bauffremont :

» Adoptant les motifs des premiers juges;

» En ce qui concerne la sanction des mesures prescrites à cet égard par le jugement dont est appel;

» Considérant qu'il est du droit et du devoir de la justice, en prévision de l'inexécution ou de retard dans l'exécution de ce qu'elle ordonne, de prendre dès à présent les dispositions que la loi autorise, soit pour vaincre la résistance de la princesse de Bauffremont, soit pour indemniser, autant que possible, le mari du préjudice qui lui serait causé;

» Qu'allant au-devant de cette éventualité, le prince de Bauffremont demande à être autorisé à saisir-arrêter tous les revenus de sa femme, avec établissement d'un séquestre comme moyen d'exécution;

» Que, *prises dans ces termes, et abstraction faite du mode de paiement tel qu'il y est indiqué, ces conclusions ne tendent à rien moins qu'à une allocation, à titre de sanction et de peine, de véritables dommages-intérêts;* que le caractère de la demande ainsi précisée n'est pas modifié par l'indication de l'emploi que le prince de Bauffremont déclare vouloir en faire au profit de ses enfants; qu'il appartient à la justice de l'apprécier, soit pour l'admettre dans ce qu'elle a de fondé, soit pour la réduire dans ce qu'elle a d'excessif;

» Considérant que l'obligation, imposée à la princesse de Bauffremont, de remettre à son mari leurs enfants communs, constitue une obligation de faire dont l'inexécution ou le retard dans l'exécution se résout, suivant l'article 1142 du Code civil, en dommages et intérêts;

» Que la créance, résultant du jugement de condamnation, participe de la nature de toute créance ordinaire, et que le paiement ne peut en être poursuivi, sur les biens de la partie condamnée, par des voies d'exécution et de contrainte autres que celles qui sont expressément déterminées par la loi ;

» Qu'aucune disposition légale n'autorise celui au profit duquel un droit de créance a été reconnu, à se mettre en possession des biens de son obligé pour en percevoir les fruits, jusqu'à ce que satisfaction lui ait été donnée ;

» Que n'y ayant litige ni sur la propriété ni sur la possession, l'établissement d'un séquestre ne rentre dans aucun des cas où la loi l'autorise; que l'emploi de semblables mesures de coercition est une atteinte illégitime au droit de propriété, dont la protection réside non-seulement dans les dispositions qui le déclarent inviolable, mais encore dans celles qui déterminent les formes et les conditions d'après lesquelles des contraintes peuvent être exécutées sur les biens d'un débiteur ;

» Considérant que ni l'objet du débat, ni la qualité des parties, ne sont de nature à justifier une exception aux règles ordinaires du droit ; que, par suite de sa séparation de corps et de biens, la princesse de Bauffremont a repris la libre administration de sa fortune ; que son droit de propriété et de possession est désormais indépendant des modifications qu'aurait pu y apporter son contrat de mariage; qu'il est aussi entier et aussi absolu à l'égard de son mari qu'il peut l'être à l'égard d'un créancier étranger; que la sanction, qui est demandée à la justice, se réfère à l'exécution éventuelle d'une condamnation judiciaire concernant seulement la garde des enfants ; qu'il ne s'agit point, dans la cause, d'une infraction aux devoirs essentiels qui naissent du mariage, tels que ceux de vie commune et de cohabitation, dont la séparation de corps a affranchi la femme; qu'à cette situation de deux époux ainsi séparés de fait et de droit, sont inapplicables la jurisprudence et la doctrine invoquées par le prince de Bauffremont ;

» Considérant qu'en réduisant à de simples dommages et intérêts la sanction demandée, il convient de la proportionner à la résistance qu'il s'agit de vaincre et au dommage à réparer, ainsi qu'à l'importance des revenus dont la saisie-arrêt a été réclamée ;

» Considérant, quant aux dépens, que le prince de Bauffremont obtenant gain de cause sur l'objet principal de son action, sauf la forme sous laquelle les dommages-intérêts lui sont alloués, il est juste de condamner la princesse de Bauffremont à tous les dépens exposés dans l'instance, y compris ceux occasionnés par l'établissement du séquestre ;

» Par ces motifs :

» Confirme les jugements frappés d'appel, en ce qui concerne la garde et la remise des enfants ;

» Quant au surplus, faisant droit sur l'appel et réformant :

» *Dit qu'il n'y a pas lieu de maintenir la saisie-arrêt des revenus et le séquestre ordonnés par les premiers juges ;*

» Décharge la princesse de Bauffremont des condamnations prononcées contre elle à cet égard ;

» Dit toutefois que, faute par elle d'avoir remis les enfants au prince de Bauffremont, dans la quinzaine de la signification du présent arrêt, elle est, dès à présent, condamnée à lui payer, pour chaque jour de retard, à partir de l'expiration dudit délai de quinzaine, savoir : 500 francs pendant le premier mois et 1,000 francs pendant le second mois, passé lequel délai de deux mois, à défaut d'exécution, il sera, par la Cour, fait droit définitivement ;

» Prononce mainlevée de l'amende sur l'appel ;

» Et condamne la princesse de Bauffremont à tous les dépens exposés en première instance et en cause d'appel, y compris ceux occasionnés par l'établissement du séquestre. »

68. Cet arrêt, en déclarant qu'il n'y avait pas lieu de maintenir la saisie des revenus et le séquestre appliqués par les premiers juges, a donné une légitime satisfaction à l'opinion publique, comme à la morale et à l'ordre social. Les décisions excessives et rigoureuses du tribunal civil de la Seine avaient été sévèrement appréciées non-seulement en France, mais encore en pays étranger, notamment en Belgique.

L'on peut voir sur ce point, les critiques de M. Rolin-Jacquemyns, aux pages 51 à 57 de sa savante consultation (1) : — Cette consultation a été communiquée, à la date du 3 juillet 1876, en épreuves, avant les plaidoiries, aux conseils de Mme la princesse Bibesco en France et à nous-même, par l'intermédiaire de Me Jules Bourlard, avocat de la princesse, à Mons, en Belgique, avec l'autorisation de prendre, dans l'intérêt de la cause, les aperçus susceptibles d'être utilisés en France, mais avec défense de faire connaître, *dès cette époque*, le travail et le nom (2) de l'auteur. Les convenances de procès soulevés en Belgique contre Mme la princesse Bibesco exigeaient, paraît-il, cette mesure. Me Bourlard ne voulait pas que « les adversaires pussent, avant plaidoiries en » Belgique, faire une réfutation anticipée d'un travail » qu'il se proposait de produire à l'appui de sa dis» cussion. » Notre éminent confrère du barreau de Mons nous affirmait, du reste, le consentement de

(1) *La princesse Georges Bibesco contre le prince de Bauffremont, devant la justice belge*, par G. Rolin-Jacquemyns.

(2) Comparez la plaidoirie de Me Jardin, page 45, en note. (Plon éditeur.)

M. Rolin-Jaequemyns (1) dans les termes suivants : « Rolin me laisse faire, à ce sujet, tout ce que je » veux. » (Lettre du 7 juillet 1876, postérieure de quatre jours à l'envoi des épreuves, lesquelles n'étaient, le 3 juillet, accompagnées d'aucune lettre, ni d'aucune restriction quelconque). Aussitôt l'interdiction originaire levée par Mᵉ Bourlard, nous nous sommes empressé de rétablir, entre guillemets, dans le tirage complémentaire de notre présente édition, tous les passages cités : voyez plus haut, les citations faites p. 82 à 87 et p. 91. Nous avons, de plus, auparavant et à la date du 26 juillet 1876, signalé à M. Rolin-Jaequemyns les quatre emprunts qui lui avaient été faits, *par anticipation sur sa publication*, aux pages qui viennent d'être indiquées, avec autorisation, sur sa demande, d'insérer notre lettre en tête ou à la suite de sa consultation, lorsqu'elle serait distribuée ultérieurement : *cuique suum*. Mais nous tenons essentiellement à constater que nous n'avons jamais eu, lors de la composition de la présente étude, sous les yeux, une seule ligne du travail de M. Rolin-Jaequemyns. C'est seulement le 3 juillet 1876 que nous avons eu, par l'intermédiaire de Mᵉ Bourlard, communication, en épreuves, de la consultation de notre savant confrère de Gand, au moment où se terminait l'impression des deux dernières feuilles de notre propre étude : ces feuilles, déjà composées, ont même dû être remaniées à trois reprises différentes par l'imprimeur, afin d'y introduire les quatre citations visées plus haut et de concilier les intérêts de

(1) Le consentement obligeant de M. Rolin-Jaequemyns (consulté dans la cause par Mᵉ Bourlard) à cette communication, en vue d'utiliser les aperçus susceptibles de servir en France, nous a été également confirmé, à plusieurs reprises, par des lettres et dépêches émanant des représentants, à Paris, de Mᵐᵉ la princesse Bibesco, notamment à la date des 3 et 6 juillet 1876.

la cause en France et en Belgique, avec les ordres donnés et les prérogatives légitimes de M. Rolin-Jaequemyns. C'est précisément cette communication, dans les termes et avec les indications données ci-dessus, que nous entendons seule reconnaître, sans que le lecteur puisse induire de notre déclaration, une antériorité quelconque de travail de part ou d'autre. Nous avons, en fait, M. Rolin-Jaequemyns et moi, creusé le même ordre de difficultés, chacun de notre côté et en nous ignorant l'un l'autre, à une époque à peu près contemporaine.

Voilà l'exacte vérité qu'il n'est pas sans intérêt de bien constater aujourd'hui, en précisant les circonstances de fait et les restrictions qui ont, à l'origine, accompagné la communication à nous adressée.

Voyez, en effet, la nouvelle *étude sur l'affaire de Bauffremont*, publiée par M. Albert Teichmann, professeur de droit à l'Université de Bâle, page 24, note 1. Ce travail, que nous recevons à l'instant, trop tard malheureusement pour l'analyser et le discuter, tend à réfuter les idées émises par nous : il contient également l'examen des opinions de M. Rolin-Jaequemyns, lequel (nous dit l'auteur, page 8), « a eu » la grande bonté de lui communiquer *une épreuve* de » sa consultation. » Il nous est impossible de nous rallier aux conclusions de M. Teichmann, lesquelles d'ailleurs (voyez page 44) cadrent entièrement avec celles de M. J. E. Labbé et semblent l'écho de la plaidoirie de Me Bétolaud. Notre savant confrère de l'Université de Bâle a toutefois signalé, à la page 30 de sa dissertation, un argument entièrement favorable à notre manière de voir : « M. de » Folleville, dit M. Albert Teichmann, aurait pu » s'appuyer sur ce que longtemps les tribunaux fran-

» çais (quoique le divorce fût alors pour les lois fran- » çaises une profanation) ont prononcé les divorces des » Juifs, et que la loi du 8 mai 1816 n'a point interdit » aux époux, divorcés avant sa promulgation, de se » remarier : (*Sirey*, 1860 - 1 - 213 à 215). Il » ne l'a pas fait. » Cet argument trouve, en effet, sa place toute naturelle plus haut, pages 24 et 25 de notre étude.

La Cour d'appel de Paris a reconnu, avec raison, tout ce qu'il y avait « d'excessif à supprimer les revenus » de la princesse et à en *confisquer* l'intérêt au profit » de ses enfants, pour la forcer à ramener ses filles » en France. » (Voyez M. Rolin-Jaequemyns, p. 55 *in fine* et 56.). Mais la Cour a confirmé les jugements frappés d'appel, en ce qui concerne *la garde et la remise des enfants*. Aussi nous paraît-il certain que Mme la princesse Bibesco n'hésitera point à déférer l'arrêt du 7 août 1876 à la censure de la Cour suprême. La princesse tient, en effet, surtout à garder près d'elle ses filles, dont la santé délicate exige les plus grands ménagements : (comparez la plaidoirie de Me Lenté sur la question relative aux enfants et sur le séquestre).

69. L'on connaîtra bientôt l'appréciation, sur ces divers points, de la Cour de cassation, gardienne toujours vigilante des formes judiciaires et de l'intégrité de nos lois.

Ce 27 septembre 1876.

DANIEL DE FOLLEVILLE.

FIN

TABLE DES MATIÈRES

CHAPITRE PREMIER

CHAPITRE DEUXIÈME

PREMIER APPENDICE

SECOND APPENDICE

— Lille. Typ. J. Lefort. 1876 —

DU MÊME AUTEUR.

TRAITÉ
DE LA POSSESSION DES MEUBLES ET DES TITRES AU PORTEUR

SECONDE ÉDITION

publiée avec la collaboration de M. Jules LONFIER,

ATOCAT, DOCTEUR EN DROIT.

MARESCQ Ainé, Éditour.

— 1875 —

Un fort volume in-8° : 12 fr.

LILLE. TYP. J. LEFORT

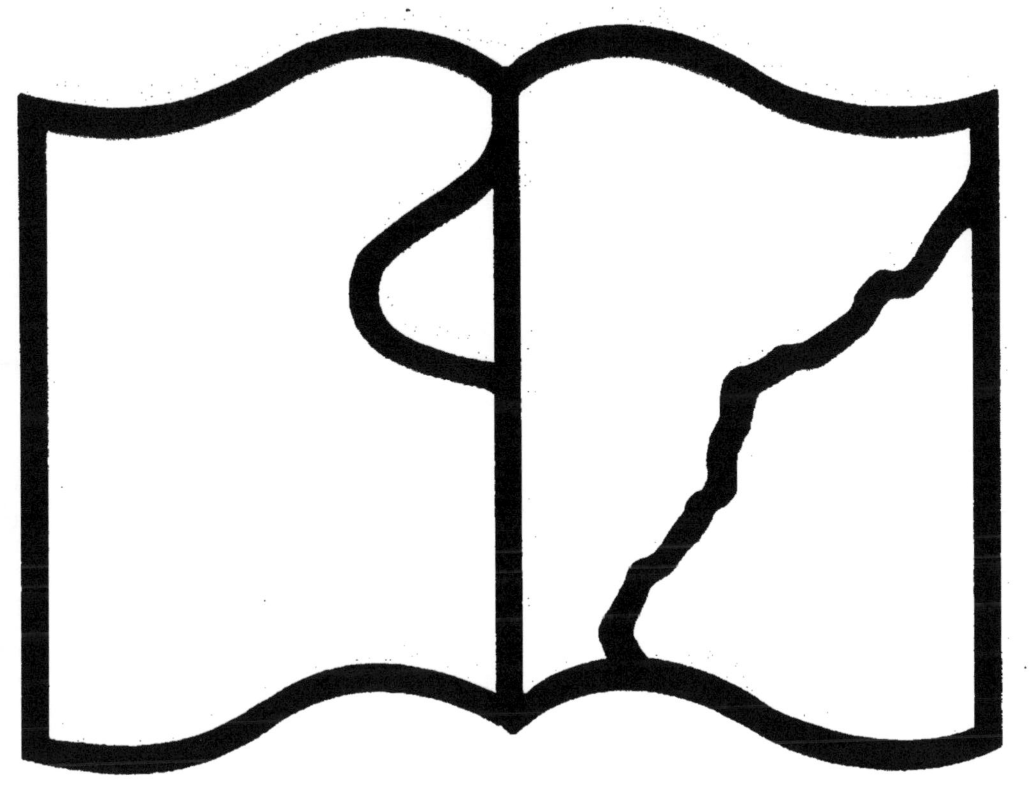

Texte détérioré — reliure défectueuse

NF Z 43-120-11

www.ingramcontent.com/pod-product-compliance
Ingram Content Group UK Ltd.
Pitfield, Milton Keynes, MK11 3LW, UK
UKHW021941200726
13856UKWH00005B/868

9 782013 549943